AF304054

Tucholsky Wagner Zola Scott Sydow Freud Schlegel
Turgenev Fonatne Wallace
Twain Walther von der Vogelweide Fouqué Friedrich II. von Preußen
Weber Freiligrath Frey
Fechner Fichte Weiße Rose von Fallersleben Kant Ernst Frommel
Richthofen
Engels Fielding Hölderlin Tacitus Dumas
Fehrs Faber Flaubert Eichendorff
Feuerbach Maximilian I. von Habsburg Fock Eliasberg Zweig Ebner Eschenbach
Ewald Eliot Vergil
Goethe Elisabeth von Österreich London
Mendelssohn Balzac Shakespeare Dostojewski Ganghofer
Trackl Lichtenberg Rathenau Doyle Gjellerup
Stevenson Hambruch
Mommsen Tolstoi Lenz Droste-Hülshoff
Thoma Hanrieder
Dach Verne von Arnim Hägele Hauff Humboldt
Reuter Rousseau Hagen Hauptmann Gautier
Karrillon Garschin
Damaschke Defoe Hebbel Baudelaire
Descartes
Wolfram von Eschenbach Hegel Kussmaul Herder
Darwin Dickens Schopenhauer Rilke George
Bronner Melville Grimm Jerome
Campe Horváth Aristoteles Bebel Proust
Bismarck Vigny Barlach Voltaire Federer Herodot
Gengenbach Heine
Storm Casanova Tersteegen Grillparzer Georgy
Chamberlain Lessing Langbein Gilm
Brentano Gryphius
Strachwitz Claudius Schiller Lafontaine Iffland Sokrates
Katharina II. von Rußland Bellamy Schilling Kralik
Gerstäcker Raabe Gibbon Tschechow
Löns Hesse Hoffmann Gogol Wilde Vulpius
Luther Heym Hofmannsthal Morgenstern Gleim
Roth Klee Hölty Goedicke
Luxemburg Heyse Klopstock Kleist
La Roche Puschkin Homer Mörike Musil
Machiavelli Horaz
Navarra Aurel Musset Kierkegaard Kraft Kraus
Nestroy Marie de France Lamprecht Kind Kirchhoff Hugo Moltke
Laotse Ipsen Liebknecht
Nietzsche Nansen Ringelnatz
Marx Lassalle Gorki Klett
von Ossietzky May Leibniz
vom Stein Lawrence Irving
Petalozzi Knigge
Platon Pückler Michelangelo Kafka
Sachs Poe Kock
Liebermann Korolenko
de Sade Praetorius Mistral Zetkin

Der Verlag tredition aus Hamburg veröffentlicht in der Reihe **TREDITION CLASSICS** Werke aus mehr als zwei Jahrtausenden. Diese waren zu einem Großteil vergriffen oder nur noch antiquarisch erhältlich.

Symbolfigur für **TREDITION CLASSICS** ist Johannes Gutenberg (1400 — 1468), der Erfinder des Buchdrucks mit Metalllettern und der Druckerpresse.

Mit der Buchreihe **TREDITION CLASSICS** verfolgt tredition das Ziel, tausende Klassiker der Weltliteratur verschiedener Sprachen wieder als gedruckte Bücher aufzulegen – und das weltweit!

Die Buchreihe dient zur Bewahrung der Literatur und Förderung der Kultur. Sie trägt so dazu bei, dass viele tausend Werke nicht in Vergessenheit geraten.

Gedanken eines Soldaten

Hans von Seeckt

Impressum

Autor: Hans von Seeckt
Umschlagkonzept: toepferschumann, Berlin

Verlag: tredition GmbH, Hamburg
ISBN: 978-3-8495-3210-9
Printed in Germany

Rechtlicher Hinweis:
Alle Werke sind nach unserem besten Wissen gemeinfrei und unterliegen damit nicht mehr dem Urheberrecht.

Ziel der TREDITION CLASSICS ist es, tausende deutsch- und fremdsprachige Klassiker wieder in Buchform verfügbar zu machen. Die Werke wurden eingescannt und digitalisiert. Dadurch können etwaige Fehler nicht komplett ausgeschlossen werden. Unsere Kooperationspartner und wir von tredition versuchen, die Werke bestmöglich zu bearbeiten. Sollten Sie trotzdem einen Fehler finden, bitten wir diesen zu entschuldigen. Die Rechtschreibung der Originalausgabe wurde unverändert übernommen. Daher können sich hinsichtlich der Schreibweise Widersprüche zu der heutigen Rechtschreibung ergeben.

Text der Originalausgabe

Generaloberst Hans von Seeckt

Gedanken eines Soldaten

5.-10. Tausend

1929

Verlag für Kulturpolitik Berlin
Copyright 1929 by Verlag für Kulturpolitik,
Berlin
Printed in Germany
Druck von Oscar Brandstetter
in Leipzig

Generaloberst von Seeckt

Gedanken eines Soldaten

5.—10. Tausend

1929

Verlag für Kulturpolitik
Berlin

Schlagworte

Drei Dinge gibt es, gegen die der menschliche Geist vergebens ankämpft: die Dummheit, die Bureaukratie und das Schlagwort. Vielleicht sind alle drei auch darin gleich, daß sie notwendig sind. Ich möchte den aussichtslosen Kampf gegen die Dummheit klügeren Zeitgenossen überlassen, erkläre mich im Kampf gegen die Militär-Bureaukratie für restlos unterlegen und will versuchen, den Kampf gegen einige Schlagworte auf dem heimatlichen militärischen Gebiet hier aufzunehmen.

Wenn ich die Notwendigkeit von Schlagworten anerkenne, so liegt darin das Zugeständnis, daß alle *die* das Schlagwort nicht entbehren können, welche nicht in der Lage sind, ihre eigenen Gedanken zu denken. Damit ist die Notwendigkeit oder Brauchbarkeit des Schlagwortes einwandfrei erwiesen, und die folgenden Darlegungen haben keinen anderen Zweck als den einen oder anderen der oben erwähnten Zeitgenossen zum eigenen Denken anzuregen oder bei der Begegnung mit einem Schlagwort ihn vor die Frage zu stellen: Bist du Wahrheit?

Schlagworte sind nicht das Gleiche wie Zitate, wenn auch etwas Verwandtes; denn auch Zitate wohnen im Bezirk des Lächerlich-Gefährlichen. Immerhin ist es ganz bequem, wenn schon ein Anderer den gleichen Gedanken in glücklicher und anerkannter Form zum Ausdruck gebracht hat; abgesehen davon, daß es einen gebildeten und z. B. bei einem Soldaten jeden Literaten überraschenden oder imponierenden Eindruck macht, wenn er gelegentlich Goethe oder gar etwas Griechisches zitiert und damit den Anschein einer Geistigkeit erweckt, die über die Lektüre des Exerzierreglements hinausgreift. Ich zitiere selbst daher gelegentlich.

Schlagworte sind auch nicht das Gleiche wie Geschichtslegenden, wenn auch wiederum etwas Ähnliches, nur daß hier der Nachbarbezirk im Ehrfürchtig-Erhabenen liegt. Es scheint durchaus notwendig, daß man an Götter und Helden glaubt und daß man Legenden nicht zerstört. Dieses »man« ist ja eigentlich schon ein Schlagwort, weil es den Mut zum »ich« versteckt, und so kann ich nur von mir sagen, daß es mir sehr unbequem ist, daß ich in Nero nicht mehr das kaiserliche Scheusal, das beim Licht eines brennenden Christen zu Bett zu gehen pflegte, sehen darf, sondern einen weisen, etwas eigentümlichen modernen Diktator, und ich bin dankbar, daß besondere Umstände und Liebe mir frühzeitig erlaubten, in dem »eisernen Kanzler« den schillernden Geist und die feinfühlige Hand zu sehen, die im Kampf den ewig ausweichenden, abweisenden, abwartenden und dann stahlhart treffenden Degen, nicht den geistlos zermalmenden Hammer führte.

Auf dem mir eigenen Gebiet, dem militärischen, verfolge ich das Schlagwort aus einem ganz bestimmten Grund, weil es hier im eigentlichen Sinn tödlich wirken kann und muß, weil dem militärischen Schlagwort Tausende von Menschenleben geopfert sind, sicher nie aus bösem Willen, sondern aus dem Mangel an eigenem Denken. Aus dem Verantwortungsgefühl für die Zukunft, die viel wichtiger ist als die Vergangenheit, heraus, will ich einige militärische Schlagworte auf ihren Gehalt untersuchen; vielleicht denkt dann auch ein Anderer über sie nach, bevor er nach ihnen handelt.

Pazifismus. Wer sich über das Wesen des Krieges, über seine Notwendigkeiten, Forderungen und Folgen klar ist, also der Soldat, wird weit ernster über Kriegsmöglichkeiten denken als der Politiker oder der Geschäftsmann, der kühl die Vor- und Nachteile abwägt. Schließlich ist es vielleicht nicht so schwer, das eigene Leben hinzugeben; aber von Berufs wegen das Leben der Anderen einsetzen zu sollen, lastet schwer auf dem Gewissen. Wer dem Krieg tief in die blutunterlaufenen Augen gesehen hat, wer von guter Übersichtswarte aus die Schlachtfelder eines Weltkrieges überblickte, wer die Leiden der Völker mit ansehen mußte, wessen Haar grau wurde von der Asche so vieler verbrannter Heimstätten, wer die Verantwortung für Leben und Tod Vieler getragen hat, der erfahrene und wissende Soldat fürchtet den Krieg weit mehr als der Phantast es kann, der, ohne den Krieg zu kennen, nur vom Frieden spricht. Die Figur des säbelrasselnden, kriegshetzenden Generals ist eine Erfindung vergifteten und skrupellosen politischen Kampfes, eine willkommene Figur geistloser Witzblätter, ein personifiziertes Schlagwort. Will man diese Einstellung zum Krieg Pazifismus nennen, so mag man es tun; es ist ein Pazifismus auf Wissen aufgebaut und aus Verantwortungsgefühl geboren, aber es ist kein Pazifismus nationaler Würdelosigkeit und internationaler Verschwommenheit. Gerade der Soldat wird alle Bestrebungen begrüßen, die auf Verminderung der Kriegsmöglichkeiten hinzielen, aber er zieht nicht auf die Straße unter dem Schlagwort »Nie wieder Krieg«, weil er weiß, daß über Krieg und Frieden höhere Gewalten entscheiden als Fürsten, Staatsmänner, Parlamente, Verträge und Bündnisse, nämlich die ewigen Gesetze des Werdens und Vergehens der Völker. Wer aber für solche Schicksalskämpfe sein eigenes Volk bewußt wehrlos machen will, wer es lieber im Bund mit dem feindlichen Nachbar schwächt, als den Volksgenossen bei der Vorbereitung berechtigter Abwehr unterstützt, *der* Pazifist gehört noch immer an die Laterne – und wenn es auch nur eine moralische ist.

Von der selbstverständlichen Friedensliebe des erfahrenen und verantwortungsbewußten Mannes bis zur knechtischen Unterwürfigkeit unter den Friedenswillen um jeden Preis reicht der Begriff des Pazifismus und ist somit ein des klaren Sinnes entbehrendes Schlagwort.

Imperialismus. Sieht man von der gefährlichen Verwandtschaft dieses Wortes mit dem Imperator ab, so bleibt die Verwendung zur Bezeichnung eines unziemlichen Herrschafts- und Ausdehnungsdranges eines Volkes, des Strebens nach dem Imperium Mundi. Leider wird oft mit diesem Namen in der Öffentlichkeit jede starke Lebensäußerung, jeder Wille zur Selbsterhaltung im großen Ringen der Völker bezeichnet und bekämpft, und so wird er zum Schlagwort im Kampf der Meinungen. Imperialismus herrscht immer nur bei dem Anderen, gegen dessen offene oder heimliche Eroberungsabsichten es sich angeblich zu wehren gilt. Nur bei dem Engländer darf der Begriff des Empire den Stolz auf die erdumfassende Macht widerspiegeln; bei allen anderen Völkern ist Imperialismus nur Verrat am Weltfrieden.

Militarismus. Das Wort ist im politischen Tagesboxkampf kaum noch ein Schlagwort, sondern fast schon ein Schimpfwort; es rangiert auf der Höhe von »fluchwürdigem alten Regime«, »Feldwebelton«, »Kasernengeist« und wie die Bezeichnungen lauten, die eine neue Zeit einer gestorbenen gern und taktvoll ins Grab nachruft. Es ist schwer zu sagen, was eigentlich Militarismus ist; er ist eben nichts als ein Schlagwort. Ich kann sagen, daß der Militarismus Preußen und dann Deutschland groß und stark gemacht hat; ich kann zugeben, daß er manchem unsympathisch und unbequem erschien, und muß doch behaupten, daß er uns befähigte, vier Jahre lang der feindlichen Welt zu widerstehen, um dann durch seine Erziehung noch den anbrandenden Bolschewismus abzuschütteln, daß auch heute noch Preußen-Deutschland vom alten Militarismus lebt. Darum verstehe ich unter Militarismus – wobei ich bemerken muß, daß dieses öde Schlagwort nicht aus meinem Sprachschatz stammt – eben etwas ganz anderes als mein benachbarter Zeitgenosse, der unter Militarismus die Herrschaft einer Militärkaste, die es bei uns nie gab, eine kriegshetzende, revanchelustige, friedenstörende Militärkamarilla, die nur als Schlagwort in Zeitungsartikeln ein Scheinleben führt, versteht. Zwischen diesen Auffassungen liegen verschiedene andere, denen ihre subjektive Berechtigung abzustreiten, mir fern liegt; aber ich glaube, der Militarismus ist doch als Schlagwort entlarvt. Freilich nur, soweit er den deutschen Militarismus betrifft. Frankreich erzieht stolz sein Volk zur nation armée. Ist das kein Militarismus? Und Amerika, das im Selbstbewußtsein die Fahne des Friedens entfaltet, läßt auf seinen Universitäten – sage und schreibe Generalstabsoffiziere über Krieg und Kriegskunst lesen, sammelt seine gebildete Jugend in officer training corps, übt mit seiner Industrie die Mobilmachung ein. Ich möchte das Patriotismus nennen, doch bei uns hieße es Militarismus; »da sollst du mir nie von Deutschland reden; ich kann's nicht vertragen; es hat seine Gründe«.

Am 29. 5. 1919 erklärte das Deutsche Reich bei der Friedenskonferenz in Versailles, daß es, als Zeichen, daß das Reich allen » *imperialistischen* und *militaristischen* Tendenzen dauernd entsage«, der Forderung auf Zerstörung seiner Wehrmacht zustimme.

Schlagworte sind tödlich.

»Der Krieg ist eine Fortsetzung der Politik mit anderen Mitteln.« Die Gefahr dieses zum Schlagwort gewordenen Zitats aus Clausewitz' Skizzen zum 8. Buch seiner Lehre »Vom Kriege« liegt in seiner geistlosen Anwendung und der Möglichkeit, es zum Ausgang der falschesten Schlüsse zu machen. Clausewitz, auf den auch das Wort zutrifft, daß er »weniger erhoben und mehr dafür gelesen sein« sollte, braucht viele Seiten, um klar zu legen, was er mit diesem Wort meint. Der Satz selbst lautet schon etwas anders, als meist zitiert. Clausewitz sagt: Der Krieg ist nichts als eine Fortsetzung des

politischen Verkehrs mit Einmischung anderer Mittel, und aus seinen Ausführungen ergibt sich, daß er damit nicht ein Dogma aufstellen will, sondern die Folgerung aus seinen historischen Studien und persönlichen Erfahrungen zieht. Er kommt zu dem Schluß, daß je machtvoller und zielbewußter die Politik eines Staates ist, um so machtvoller wird die von ihr eingeleitete Kriegführung sein, und dieser Schluß ist bei dem erklärlich, der den Sieg napoleonischer Kriegführung über die seiner Gegner erlebt hatte. Ganz uneingeschränkt wird man diesen Satz nach den Erfahrungen unserer Tage nicht gelten lassen, obwohl natürlich zuzugeben ist, daß die politischen Voraussetzungen und Vorbereitungen auf die Führung des Krieges von Einfluß sind. Für alle Zeiten und Fälle zutreffend sind die Ausführungen von Clausewitz über das Fortlaufen der politischen Tätigkeit und diplomatischen Arbeit während des Krieges; ich habe mich über das Verhältnis zwischen Staatsmann und Feldherr in der gleichnamigen Studie ausgesprochen und kann hier auf sie verweisen. Mißverstanden ist das Zitat, wenn es als Schlagwort die gerade von Clausewitz vertretene Lehre vom wahren Wesen des Krieges mit dem Ziel der Vernichtung des Feindes verdunkelt; zutreffend aufgefaßt, will es sagen, daß der Krieg kein Ding an sich ist, doch nach eigenen Gesetzen sich in das organische Leben der Völker einfügt. Wie er von der Politik beeinflußt wird, beeinflußt er sie; mit seinem Abschluß kehrt die Welt nicht in den alten Zustand zurück, sondern steht vor neuen Fragen.

»Clausewitz« wird auch ein Schlagwort, wenn man Aussprüche des großen Kriegsphilosophen nachbetet, anstatt ihn zu studieren.

» *Cannae.*« Kein Schlagwort ist uns so verderblich geworden wie dieses. Es ist ein typisches Beispiel dafür, wie eine Wahrheit im Schlagwort zum Zerrbild wird. Schon der Umstand, daß Schlieffen so weit in der Kriegsgeschichte zurückgreifen mußte, um die ihm als Beispiel nützliche Idealschlacht zu finden, sollte den Gedanken nahelegen, daß er mit dieser Bezeichnung dem von ihm verfochtenen Grundsatz eine möglichst prägnante Form und seiner Studie einen einprägsamen Titel geben wollte. Was wurde aber aus seiner Lehre gemacht? Geben wir dem Begriff »Cannae« die richtige Bedeutung, so finden wir die Forderung nach der Schlachtführung, die zur Vernichtung des Feindes führt. Diese ist am sichersten durch die kräftige Umfassung beider Flanken des Gegners zu erreichen – siehe Cannae. Zu dieser höchsten Ideallösung gehören die eigene Überlegenheit an den entscheidenden Stellen und ein Feind, der sich doppelt umfassen läßt. Liegen die Voraussetzungen dieser Operation nicht vor, so ist – und das erscheint als logische Abwandlung des Ideals – daran festzuhalten, daß die Umfassung an sich, also auch die einseitige, der sicherste Weg zum vernichtenden Erfolg ist. Um die Wirksamkeit der Umfassung zu erweisen, brauchten wir nicht bis auf Cannae zurückzugehen. Ergibt sich nun aber die Unmöglichkeit einer Umfassung – und diese Fälle haben wir erlebt –, so kann doch der Führer nicht erklären, daß er am Ende seiner Weisheit sei, sondern wird im Geist Schlieffens handeln, wenn er nach klarem Ziel die Massen seiner Kräfte an wirksamster Stelle einsetzt – und sei es im Frontangriff, gegen dessen Wirkung Schlieffen freilich das sarkastische Wort vom »ordinären« Sieg geprägt hatte. – Seien wir ehrlich! Wie viele große und kleine Manöver- und Kartenschlachten sind ohne Versuch oder Durchführung der Umfassung, wenn angängig der doppelten, verlaufen? Konnte man doch ohne weiteres annehmen, daß der Leitende seine Übung auf die Umfassung angelegt hatte. Hatte bei diesen Übungen ein Durchbruchsversuch je Aussicht auf Erfolg? Ein Beweis für die Stärke des Schlagwortes und militärischer Lehrsätze überhaupt ist es mir gewesen, daß bei den Übungen der Nachkriegszeit das Streben nach Umfassen um jeden Preis und das Langziehen der Front bis zur Wesenlosigkeit ebenso zu bekämpfen waren, als hätte es nie einen Krieg gegeben. Die Folgen im Krieg konnten nicht ausbleiben. Schlieffen selbst verzichtete in seinem Kriegsplan gegen Frankreich durchaus auf das Anstreben der Doppelumfassung zugunsten der Verstärkung des entscheidenden rechten Flügels. Der Grundsatz der Entscheidung suchenden Umfassung wurde von der Taktik auf die große Operation übertragen; aber die eigentlich entscheidende Voraussetzung des Erfolges, das Einsetzen aller verfügbaren Kräfte nach *einem* Ziel, hier also zur Umfassung durch den rechten Flügel, war nicht mehr gegeben, und mitten im Verlauf der Operation, die, wenn auch mit verminderter Energie, doch den ursprünglichen Plan dieser Umfassung verfolgte, tauchte plötzlich ein Cannae-Gedanke auf, ein Versuch, den Gedanken des Meisters durch Gesellenkunst zu verbessern. Er brachte keinen Erfolg. Auf dem rechten Flügel führte das dauernde Streben nach der taktischen Umfassung dazu, daß das große strategische Ziel der operativen Umklammerung aus dem Auge verloren wurde. Als wir im Osten zur großen Durchbruchsschlacht gekommen waren, hatte die Führung Mühe genug, ihre Truppen und Unterführer an die ihnen fast unbekannten Bedingungen dieser Operation zu gewöhnen und sie von dem frühzeitigen »Einschwenken« und dem so beliebten »Aufrollen der Nachbarfronten« abzuhalten, wo im Vorwärtsgehen der Erfolg lag. »Cannae« als Begriff des Vernichtungswillens bleibt. Wer seinen Sinn nicht erfaßt, für den wird er zum leeren und gefährlichen Schlagwort.

» Angriffskrieg.« Dieser Begriff, der in den politischen Verhandlungen der letzten Zeit eine große Rolle gespielt hat, bedarf dringend der Erläuterung vom Standpunkt des Soldaten. Ob ein Krieg ein Angriffskrieg ist, das ist eine politische, wenn man will, eine völkerrechtliche Frage. Ob diese Frage einwandfrei in jedem Fall zu beantworten, ob der Begriff klar zu definieren ist, erscheint zweifelhaft. Eine Kriegsschuldfrage, die Frage nach dem, der angefangen, also angegriffen hat, wird nach jedem Krieg entstehen und wird immer nach dem Standpunkt des Interessenten beurteilt werden und – nach dem Erfolg. Gerade der, welcher im Krieg nur die Fortsetzung der Politik mit anderen Mitteln sieht, wird zugeben müssen, daß zum Angriffskrieg nur eine Angriffspolitik führt. Auch sie mag im letzten Grund nur eine Abwehrpolitik sein, weil sie eine noch gefährlichere Zukunft voraussehen zu müssen glaubt. Über solchen Präventivkrieg urteilt Bismarck, und die Verantwortung für ihn trägt der über Theorien und staatsrechtliche Begriffe erhabene, nur dem Heil des eigenen Volkes verantwortliche Staatsmann. Ihn wird ein Schlagwort nicht schrecken. – Wenn man heute anstrebt, den Angriffskrieg aus dem Bezirk der internationalen Beziehungen auszuschalten, so verneint man damit den Satz von der Fortführung der Politik mit kriegerischen Mitteln; denn die Politik selbst wird sich ja doch wohl nicht zur Inaktivität, zur Aufgabe aller Machtziele bequemen. Nur wird sie sich dann bei dieser Aktivität irgendwie aufgehalten sehen, wird aus diesem Widerstand eine Bedrohung ihrer Pläne, bald auch der staatlichen Geltung, endlich der staatlichen Existenz ableiten und wird so im Stand des Angegriffenen einen Verteidigungskrieg führen. Salvavi animam meam. Jetzt hat für eine Weile der Propagandachef das Wort, der für das Weltgewissen das »Haltet den Dieb« ausgibt.

Vom politischen Angriffskrieg grundverschieden ist der militärische Begriff des Angriffskrieges. Wer mit mir der Überzeugung ist, daß wir politisch im Jahr 1914 einen reinen Verteidigungskrieg geführt haben, der wird doch als einzig mögliche militärische Lösung den Angriff auf der entscheidenden Seite als Mittel baldiger und günstiger Entscheidung ansehen; der Angriff wurde zum Mittel der Verteidigung. Dies festzustellen ist in einer Zeit notwendig, in der aus der Art ihrer Kriegführung der Heeresleitung Vorwürfe gemacht werden, als ob sie den politischen Angriffskrieg gewollt, vorbereitet und herbeigeführt habe. Wer fordert, daß wir, um unsere friedliche Politik zu beweisen, den Angriff des Feindes hätten abwarten müssen, der gibt zu, daß er lieber die eigene Heimat als Kriegsschauplatz gesehen hätte als Frankreich.

»Vernichtungs- oder Ermattungs-Strategie?«

Die junge deutsche Militärliteratur hat diese Frage aufgeworfen und beurteilt das große Schicksal des Weltkrieges nach diesem Lehrbüchern entstammenden Schlagwort. So wird die Heerführung Hindenburg–Ludendorff als die Trägerin der alleinseligmachenden Clausewitz–Schlieffenschen Lehre der Vernichtung gepriesen, während man die Periode Falkenhayn als die der matten Ermattungstheorie schmäht. Wenn diese Jugend für ihre militärische Zukunft das Ziel der Feind Vernichtung fest im Auge behält, so ist das erfreulich; aber den Sinn des großen Krieges hat sie nicht erkannt.

Nach einer in diesem Krieg von uns getroffenen schweren Entscheidung kam am späten Abend mein erster Mitarbeiter zu mir, voller Zweifel, ob unser Entschluß richtig gewesen sei. Ich antwortete ihm: Lassen Sie es gut sein. Ob wir richtig gehandelt haben, das wissen nur in fünfzig Jahren die Kriegsschüler ganz genau.

Mir stellt sich der Sinn dieses Krieges wie folgt dar. Wir sind in den Krieg mit dem klaren Ziel der Vernichtung der Streitkräfte unserer westlichen drei Gegner gegangen. Es bestand begründete Aussicht, dieses Ziel zu erreichen, den Feind durch Vernichtung seiner Heere friedensbereit zu machen und den Krieg zu beenden. Ob dieses Ziel tatsächlich erreichbar war, steht dahin; aber ein anderes Ziel gab es nicht. Wir haben es nicht erreicht. Wir haben dann mit weit geringerer Aussicht versucht, Rußland niederzuwerfen. Der Sieg war unser; aber zum Enderfolg reichten die Kräfte nicht.

Von diesem Zeitpunkt ab fehlten uns durchaus und in steigendem Maß die Mittel, im kriegsentscheidenden Sinn Vernichtungsstrategie zu treiben. Der Begriff der belagerten Festung charakterisiert unsere Lage, aus der Ausfälle gemacht werden, um den Fall aufzuhalten. Wir konnten doch nur darauf hoffen, daß unsere Gegner unter dem Eindruck dieses erbitterten Widerstandes, nach den Worten der Bürgerschen Ballade, »des langen Haders müde, erweichten ihren harten Sinn und schlossen endlich Friede«. Jeder einzelne dieser Ausfälle wurde mit dem entscheidungsuchenden Willen durchgeführt, aber es liegt im Wesen des Ausfalls, daß sein Ziel begrenzt ist. Konnten dem Führer des Ausfalls doch seine Truppen immer nur »auf Zeit« geliehen werden. Ich finde es anmaßend, die verantwortlichen Führer des Krieges mit der Schneiderelle eines Schlagwortes zu messen.

»Kriegsziele.«

Das Gefährliche dieses einst viel gebrauchten und mißbrauchten Schlagwortes liegt in seiner Verwechselung mit »Kriegsfolgen«. Bei unseren Gegnern bestanden Abmachungen, welche die Forderungen der einzelnen Mitglieder des Bundes bei günstigem Ausgang in großen Zügen festlegten. Bei uns bestand meines Wissens nur die formale Abmachung, daß jeder für die staatliche Integrität des anderen sich ebenso einsetze wie für die eigene. Das sind keine Kriegsziele. Das Kriegsziel gibt den Grund, warum die Politik ein Volk in den Krieg führt. Frankreichs Kriegsziel war nicht Elsaß-Lothringen; dessen Wiedergewinnung war selbstverständliche Folge eines glücklichen Kriegsausganges. Das französische Kriegsziel war die Niederwerfung und möglichst dauernde Schwächung des gefährlichen Nachbars. Rußlands Kriegsziel war nicht Konstantinopel, sondern die unbeschränkte Herrschaft im Osten und Südosten Europas, die es durch Österreich und Deutschland bedroht sah. Unser Kriegsziel war die Erhaltung des Reichs, seiner Grenzen, seiner Macht. Hätte der Krieg mit dem Status quo ante abgeschlossen, so wäre es ein deutscher Sieg gewesen. Begreiflich, selbstverständlich, daß man auch die Folgen erwog, die ein großer Erfolg hätte mit sich bringen können, die Bedingungen sich überlegte, die man als Sieger dem Besiegten auferlegen könne. Es war aber gefährlich und schädlich, solche oft recht egoistischen Wünsche als Kriegsziele zu bezeichnen. Das erweckte den Eindruck, als ob wir um der Becken von Briey oder der Flandernküste oder des deutschen Einflusses bis zum Peipus-See Krieg führten. Erlaubte uns der Ausgang des Krieges, Bedingungen vorzuschreiben, dann konnte eine weise Staatsleitung nach gutem Nikolsburger Muster manches aus dem Friedensschluß herausholen, was uns größere Sicherheit für die Zukunft und Ersatz erlittener Schäden bot. Das waren dann Kriegsfolgen, keine Kriegsziele. Beide sind Aufgaben der Politik, nicht der Heerführung. Ein Stinnes hat im großen Hauptquartier nichts zu suchen. Der Feldherr kennt nur ein Kriegsziel, die Vernichtung der feindlichen Streitmacht.

Nur ganz wenige der zahllosen Schlagworte konnte und wollte ich hier bloßstellen. Es laufen noch viele solcher Gespenster in der Welt umher. Ein Zaubermittel gibt es gegen sie – klares Denken.

Symbole

Friedrichstag

24. Januar 1928

Von der Ehre des Soldaten

»Du redest von Deiner Ehre. Sie lag darin, die Armee gut zu führen –«, schreibt der große König am 12. August 1757 an seinen Bruder, den Thronfolger. Der Brief ist in mehr als einer Hinsicht lesenswert. Kürzer und klarer ist nirgends die Sonderehre des Soldaten umschrieben. Die gleiche Ehre des Feldherrn und des Mannes in der Front, den nach seinen eigenen Worten der König die Ehre hatte zu führen.

Die Ehre des Soldaten liegt in der Pflichterfüllung, in jeder Stellung und Lage, ganz gleich ob die erste hoch oder niedrig, die andre leicht oder schwer, alltäglich oder außergewöhnlich ist. Es gibt auch im Frieden viel stilles Heldentum, viel Überwindung, viel Ausharren, das oft schwerer ist als die frische Tat im Krieg. In ihm aber fordert die Ehre das Letzte vom Mann, die bewußte Hingabe des Lebens an seine Soldatenpflicht. Bestehen können vor dem Richter muß der Soldat. Vielleicht ist dieser Richter nur der strenge, aber gerechte Vorgesetzte und Führer, vielleicht ist es das Urteil der Geschichte, unnachsichtiger als beide spricht der Richter in der eigenen Brust; denn der Mann ist der letzte, höchste Richter der eigenen Ehre.

Das »wofür wir uns halten in unserem Herzen« ist noch immer des Soldaten höchster Besitz, der ihn die »Müh' und die Schmerzen« ertragen läßt. –

Je höher der Soldat auf der militärischen Stufenleiter aufsteigt, um so schwerer wird die Pflicht; nicht an sich; denn sie wechselt ja nur die Form, und mehr tun als seine Pflicht kann niemand, sondern weil zu der eigenen Pflicht und der eigenen Ehre die Verantwortung für die der Unterstellten hinzutritt. Die Verantwortung wächst ins Ungeheure; jetzt geht es um das Leben, die Ehre von Hunderten, von Tausenden – jetzt geht es um den Staat.

Darum wird der König hart und härter, je höher der Schuldige
steht, der nach seinem Urteil nicht seine Pflicht getan hat. Hierin
liegt die neue schwere Pflicht des Führers, die Pflicht, hart zu sein
um der Ehre willen. In dieser Härte gegen andere liegt die größte
Härte gegen sich selbst; Opfer fordern ist dem wahren Führer
schwerer als eigenes Opfer bringen. Der König bringt dies Opfer
der eigenen Härte, weil es seine Pflicht verlangt, und diese Pflicht
hieß Preußen.

Schlieffentag

28. Februar 1928

Graf Schlieffen fordert, trotz seiner uns fast eisig kalt berührenden, auf höchster Abgeklärtheit beruhenden Wesensart, zu dieser persönlichen Stellungnahme heraus, weil unter der Oberfläche die heiße Leidenschaft des wollenden Feldherrntums schlummert. Graf Schlieffen ist kein Begriff für uns, sondern in Kopf und Herz des deutschen Generalstabes, des deutschen Soldaten, des deutschen Volkes fortwirkendes Leben. Wir wollen ihn nicht zum Begriff, zum einseitigen Dogmaträger uns versteinern lassen, sondern wollen in ihm und aus ihm erneut und geklärt die alten ewigen Regeln des Krieges suchen.

Fassen wir sie heute in drei Sätze zusammen:

Die Vernichtung des Feindes ist das Ziel des Krieges, aber zu diesem Ziel führen viele Wege.

Jede Operation muß von einem einfachen klaren Gedanken beherrscht sein. Diesem Gedanken hat sich jeder und hat sich alles unterzuordnen.

An der entscheidenden Stelle ist die entscheidende Kraft einzusetzen; der Erfolg ist nur durch Opfer zu erkaufen. –

Beherzigen wir diese Lehren des Mannes Schlieffen, dann wird der Begriff Schlieffen der Begriff des Sieges sein. –

Große Persönlichkeiten wandeln sich zu Begriffen. Dem scharf forschenden Auge stellen sich zwei getrennte Bilder dar: die Person und der Begriff. Der Konsul Cajus Julius Cäsar der Geschichte ist eines, der Begriff des »Caesar« ein anderes. König Friedrich II. von Preußen ist jemand anders als der »alte Fritz« des Volkes und der »Fridericus« unserer Tage. Es liegt eine Gefahr in dieser Begriffbildung, sie tut oft der Person Unrecht, an Stelle eines reichen Lebens tritt ein starrer Begriff. Dieser hat etwas Einseitiges, das leicht zu falschem Schluß auf die Person führt. Andererseits ehrt die Zeit nur die ganz Großen mit der Wandlung der Person zum Begriff, und unsere Ehrfurcht gebührt beiden.

Wir werden, wenn wir unser Wissen und Wollen an großen Vor-
bildern zu bereichern streben, beides uns zu eigen machen müssen.
Die Kenntnis des Mannes, aus seinen Taten und Worten gewonnen,
und die Erkenntnis des Begriffs, der sich mit seinem Namen verbindet. Meist wird dieses Studium dazu führen, daß der Mann uns
größer wird und der Begriff, der sich mit seinem Namen verbindet,
sich wandelt; wir müssen zu eigenem Nutzen zu einer persönlichen
Stellung zu dem großen Mann kommen.

Hindenburg

Bei der Begegnung mit einer Persönlichkeit von weltgeschichtlicher Bedeutung drängt sich dem Beobachter die Frage auf, in welcher Form das Bild dieser Gestalt der Nachwelt am wahrsten erhalten, der nicht mit eigenen Augen schauenden Mitwelt am reinsten dargestellt werden kann.

Die Schilderung und Würdigung des Generalfeldmarschalls von Hindenburg durch die Feder des Geschichtsforschers wird kommenden Jahren überlassen bleiben müssen. Sein Charakterbild wird zwar schon heute kaum von der Parteien Gunst und Haß verwirrt; aber die Wellen der wechselnden Zeitströmungen, die Tageseinflüsse des politischen Kampfes trüben zu leicht noch den Blick der Gegenwart.

Das Bild des Feiernden und damit den Menschen selbst abschließend, erschöpfend mit dem Pinsel oder der Nadel festzuhalten und zu verewigen, scheint schwer. Alles drängt in der Gestalt und dem Wesen zur Plastik; hier ist nichts Malerisches, aber bedeutende Form.

Sehen wir uns nach dem Material um, in dem wir Hindenburgs Züge gestaltet wissen möchten, so ist es nicht der Marmor, in dem uns Griechenland seine großen Männer, Rom seine Cäsaren übermittelte. Unter der feinen Haut des Steins jagen Gedanken, toben Leidenschaften. Nicht an italienische Bronzen dürfen wir denken, die das Rätsel problematischer Naturen ungelöst lassen. Wir wollen näher, wollen auf eigener Erde den Stoff suchen, in dem wir uns das Bild dieses deutschen Mannes formen. In unseren alten Domen, unter den Schätzen unserer Museen finden wir die wunderbaren Holzskulpturen des Mittelalters. Fest geschnitzt und doch weich geformt, bestimmt und klar das Gebäude des Leibes, alle Flächen durch den Ton gemildert, die Seele aus dem Innern leuchtend, nicht starr, aber ruhig. Könige und Heilige sind es zumeist, die nie eines Lebenden Auge auf Ähnlichkeit prüfte, die aber doch Menschen waren und sind und zu noch mehr wurden, zu Symbolen.

Den kraftvoll und lebendig, durch achtzig Jahre ungebeugt unter uns stehenden Mann heute zum Bildnis zu machen oder gar zum Heiligen zu erhöhen, liegt dem Gedanken fern.

Doch wenn wir heute die Persönlichkeit Hindenburgs betrachten, so erscheint es wichtiger und angemessener, als Charaktereinzelheiten zu suchen und Taten zu preisen, die Bedeutung des Mannes im Leben unseres Volkes zu prüfen. So nennen wir ihn ein Symbol unserer Zeit, das Symbol der Hingabe an den Dienst, die Pflicht, den Staat. Er wuchs hinüber aus dem alten Preußen, wo die Wurzeln seiner Kraft lagen und noch liegen, in das neue Reich unserer Tage. Er hat sich im Wesen nicht verändert und nicht zu verändern brauchen, weil wohl die Aufgaben wechselten, nicht der Grund, von dem aus er zu ihrer Lösung schritt. Gegenüber dem Muß der Pflicht wird Wesentliches zur Erscheinungsform.

Wenn das Alter ist wie die Jugend, gewinnen achtzig Jahre erst wahre Bedeutung. Sie mögen dem Menschen manches nehmen, eins geben sie ihm: sie heben ihn heraus aus der Ebene und führen ihn auf einen hohen Berg, nicht als auf ein Postament der Heiligenverehrung, sondern zu einem Überblick und Ausblick. Von der Höhe des Alters und der Erfahrung sieht die Welt anders aus als von der Plattform des täglichen Ringkampfes. Die Unterschiede der Dinge und Menschen vermindern sich oder verschwinden. Wer so oft gesehen hat, wie Großes klein wird, wer so viel hat stürzen sehen und auch so vieles neu wachsen, wer durch Sieg und Niederlage hindurchgegangen ist, urteilt über das Tagesereignis mit ruhiger Gelassenheit. Wer so viele Menschen sah, unterscheidet die einzelnen nicht mehr allzu kritisch voneinander. So gibt das Alter dem Charakter Hindenburgs die letzte Reife, die Ruhe, die Sicherheit. So wird er uns zum Symbol des Bleibenden im Wechsel der Zeit.

Alte schwedische Fahne

Ansprache an die schwedischen Offiziere, die den Weltkrieg im deutschen Heere mitfochten und zur Erinnerung eine schwedische Fahne im Berliner Zeughause aufstellten

Meine lieben schwedischen Kameraden!

Die Wahrzeichen einer stolzen und ruhmreichen Geschichte des Deutschen Heeres umgeben uns. In diesen Räumen heiße ich heute Schwedens alte Fahne willkommen und grüße sie. Sie ist am rechten Platz, sie ist unter Brüdern. Ihr verehrter Sprecher sagte es: sie hätten den Ruf gehört: Brüder in Not!

Volk in Not! So klang es damals durch die Welt, als Deutschland in den Kampf um sein Dasein gegen eine Welt von Feinden trat. Das Echo blieb stumm, und nur aus Schweden scholl die Stimme der Freundschaft, der Kameradschaft, die Stimme des Herzens. Aber mehr als die Stimme kam zu uns, dessen sind Sie, meine Herren, heute lebendige Zeugen. Sie selbst kamen, um die alte Waffen- und Blutbrüderschaft zu halten und zu erneuen. Sie fochten mit uns in Treue bis zum ehrenvollen Ende.

Im Namen der alten Armee, in deren Reihen Sie kämpften, wie im Namen des neuen Deutschen Heeres, das Sie als liebe und willkommene Kameraden begrüßt, danke ich Ihnen. Ihnen und allen, die gekommen sind und die kommen wollten, allen, die in ihrem Herzen bei uns waren, Ihnen allen, welche heute ihren Gefühlen in der Weihung dieser Fahne Ausdruck geben.

Wenn ein Deutscher vor dieser Fahne steht, soll er sagen: »Ich grüße Dich, ich danke Dir. Treue um Treue!«

Die Gedenktafel

Rede vom 5. Oktober 1923 in Erinnerung an die Gefallenen im Reichswehrministerium

In tiefernster Stunde treten wir zusammen, um unsere Toten zu ehren. Nicht schlicht, nicht innerlich genug kann diese Ehrung sein. Wir feiern kein Fest. Wir feiern nicht mit rauschender Musik, mit wehenden Fahnen, mit tönenden Reden unsere Niederlage. Die Toten bedürfen der Ehrung nicht mehr. Ihre Ehre liegt in der Erfüllung ihrer Pflicht. Für uns Nachbleibende erhebt sich die toternste Frage: Sind sie umsonst gestorben? Geht in dieser Stunde das zugrunde, was sterbend ihre Leiber deckten – das Reich? Dann freilich ist es bittere Ironie, daß wir heute Gedenktafeln errichten, auf denen Namen von Männern aller deutschen Stämme verzeichnet sind, die ihr Leben dem gemeinsamen Kampf geweiht haben, und die der Tod auf ewig einte. Liegt also Deutschlands Kraft, Ehre und Einheit nur in der Vergangenheit? Und wir, wir Überlebenden, lassen kraftlos, ehrlos und uneins das Reich in Stücke gehen? Aus diesen Tafeln sprechen die Toten zu uns und fordern, daß hier in diesem Haus, dessen Eingang sie weihen, noch eine Stätte bleibt, wo mit heißem Herzen und kühlem Kopf gearbeitet und, wenn es nötig ist, gestorben wird für das Reich!

Probleme

Staatsmann und Feldherr

Cromwell, Friedrich, Napoleon – wenn das Geschick in einer Person den Staatsmann und den Feldherrn vereint, erübrigt sich eine Untersuchung über das Verhältnis beider zu einander. Da diese glückliche Einheit selten gewesen ist und sein wird, da die Beziehungen beider Kräfte aber in der Schicksalsstunde eines Volkes von entscheidender Bedeutung gewesen sind und wieder sein werden, so lohnt es die Mühe, sich über die beiden ineinander greifenden Wirkungskreise klar zu werden.

Klären wir zunächst die Begriffe. Unter »Staatsmann« ist in den nachfolgenden Darlegungen die politische Leitung eines Staates verstanden, wobei es gleichgültig ist, ob diese durch einen absoluten oder konstitutionell eingeschränkten Monarchen, einen Diktator, einen Präsidenten oder durch eine mehr oder weniger anonyme Regierung, ein Kabinett dargestellt wird. Wesentlich ist nur, daß an dieser Stelle alle Fäden des Staatslebens zusammen- und von ihr auslaufen, daß sie für ihre Ziele, für die »Staatskunst«, über alle »Ressorts« gebietet, so über die Finanzen, den Außendienst und – die Wehrmacht. Wenn ich vom »Feldherrn« spreche, so meine ich damit den sachkundigen Organisator, Ausbilder und Führer des Heeres im Frieden und im Krieg.

Wenden wir uns zunächst den Friedensverhältnissen zu. Der Staatsmann wird sich die Frage vorlegen, was er will und was er kann. Die Beantwortung der ersten liegt auf rein politischem Gebiet und fällt ihm allein zu. Für die Lösung der zweiten wird er neben den politischen Rücksichten die militärischen in seine Rechnung einstellen müssen. Die Schaffung und Erhaltung der Wehrmacht ist keine Frage, die allein militärischer Beurteilung und Entscheidung unterliegt. Niemand hat für die Entwicklung des preußischen Heeres mehr getan als der »Staatsmann« Bismarck, weil er dieses Heer für seine politischen Ziele gebrauchte. Seine Zusammenarbeit mit Roon kann wohl vorbildlich genannt werden. Die militärischen Organisationsfragen im großen sind politischer Natur, so die Entscheidung zwischen allgemeiner Dienstpflicht und Söldnersystem. Die Länge der Dienstzeit bei der ersteren ist meist ein Kompromiß zwischen politischen und militärischen Wünschen. Entscheidend spricht die Finanzfrage mit und neben ihr das Außenressort, das in eigenen Rüstungen Förderung oder Schädigung der von ihm verfolgten Interessen sehen kann. Wettrüsten und Rüstungsbeschränkungen sind beide politische Fragen trotz ihrer militärischen Form. Man kann es dem Soldaten nicht verübeln, wenn er für die von ihm verantwortlich vertretenen Interessen hohe Forderungen stellt. Sie im Rahmen der allgemeinen Politik zu halten, ist Sache des Staatsmannes. Ist Deutschlands Flottenrüstung vor dem Krieg ein Grund für Englands Haltung gewesen, so fällt die Verantwortung dafür nicht dem Marineressort, sondern der für die Gesamtpolitik verantwortlichen Stelle zu. Von keinem Soldaten wird man verlangen können, daß er ein begeisterter Freund der Abrüstung ist; aber er wird sich mit ihr abfinden und in sie hineinfinden, wenn die Politik es erheischt, wenn der Staatsmann ihn zwingt. Gegensätze zwischen Außenressort und Heeresvertretung sind häufig und nicht auf Deutschland beschränkt gewesen. Sie auszugleichen ist Aufgabe des Staatsmannes. Dem Wesen ihrer Aufgaben nach sind beide Ressorts auf enge, dauernde und vertrauensvolle Zusammenarbeit angewiesen. So lange der ewige Friede nicht garantiert ist, wird die Außenpolitik die militärischen Kräfte, die eigenen und die fremden, in ihre Berechnungen einstellen müssen. Noch immer hängt die Geltung eines Staates in der Welt nicht zuletzt von seinem militärischen Können ab. Mag die Politik eines Landes auch noch so friedliche Ziele verfolgen, so sollte man doch annehmen, daß es für ihren Leiter nur erwünscht sein kann, wenn er bei der Durchführung seiner Pläne als letztes Mittel auf ein starkes Heer blickt. Mit von dessen Stärke wird es abhängen, wie weit er in seinen Forderungen gehen kann, was er sich von den anderen gefallen lassen muß. Der Staatsmann richtet an den Feldherrn die Frage: was kannst du? was können die andern? Und der Feldherr stellt die Gegenfrage: was willst du? was wollen die anderen? Aus diesem Gedankenaustausch ergibt sich für den Staatsmann die Erkenntnis, wie stark er den militärischen Stein in seinem Spiel bewerten kann, für den Feldherrn der Fingerzeig, in welcher Richtung er an der Vervollständigung seiner Rüstung zu arbeiten hat. Die vornehmliche Aufgabe des Feldherrn ist die Sicherung seines Landes gegen einen feindlichen Angriff. In diesem Bestreben ist er auf die Zusammenarbeit mit den verschiedensten Zivilressorts angewiesen; Finanzen,

Verkehr, Industrie, Handel, Landwirtschaft sind bei der Aufgabe beteiligt und nicht zuletzt das Auswärtige Ressort. Diese Zusammenarbeit sicher zu stellen, ist Sache des leitenden Staatsmannes. Die Frage der Sicherheit eines Landes ist in erster Linie eine politische. Aufgabe der Außenpolitik ist es zunächst, die Bedrohung nicht zur Wirklichkeit werden zu lassen, ihr durch Schiedsverträge vorzubeugen und sich für den Fall tatsächlichen Angriffs Bundesgenossen zu sichern. Wenn dann wirklich der Krieg eintritt, muß die Diplomatie das Ihrige getan haben, damit er unter möglichst günstigen Voraussetzungen geführt werden kann. – Der Feldherr hat erfahren, welche Grenze er jeweils für die meist bedrohte halten muß, wo er mit unfreundlichen, wo mit zuverlässigen Nachbarn rechnen kann, wessen Unterstützung im Kriegsfall gesichert erscheint. Ihm wird die Mitteilung, ob sich drohende Wolken am politischen Horizont zeigen, und er kann seine Schlüsse ziehen, ob er seine Sicherungsmaßnahmen zu beschleunigen und zu verstärken hat oder nicht. Die Aufstellung der Pläne für den möglichen Kriegsfall ist Sache des Feldherrn; er bedarf aber für sie der grundlegenden Weisungen des Staatsmannes. Entscheidend für seine Maßnahmen ist es, zu wissen, ob es politisch zulässig oder wünschenswert ist, einem drohenden feindlichen Angriff durch den eigenen zuvorzukommen, oder ob die Gesamtlage ein rein defensives Verhalten erfordert. Der Feldherr wird die Vor- und Nachteile beider Handlungsweisen darlegen, und der Staatsmann entscheidet, ob sich politische oder militärische Interessen decken oder, bei Abweichungen zwischen beiden, welche ausschlaggebend sein sollen. Auch eine an sich friedfertige, nur auf Verteidigung des eigenen Landes bedachte Politik kann den ihr aufgezwungenen Krieg militärisch angriffsweise führen, wenn diese Form die sicherere und schnellere Erreichung ihres Zieles verspricht. Ob der militärisch vielleicht aussichtsreichere Angriff überwiegende politische Nachteile hat, ob es angezeigt und zulässig ist, anstatt des Feindes Kriegserklärung abzuwarten, ihm mit der eigenen zuvorzukommen, das sind Fragen, die verantwortlich der Staatsmann, nicht der Feldherr entscheidet.

Der Plan des Grafen Schlieffen für den Krieg nach zwei Fronten sah den Durchmarsch durch Belgien vor. Dieser Plan war der verantwortlichen politischen Leitung bekannt. Ließ sie ihn und die für seine Durchführung erforderlichen, weitgehenden Friedensvorbereitungen zu, so übernahm sie damit für die sich aus ihnen ergebenden politischen Folgen die Verantwortung. Es kann keinem Zweifel unterliegen, daß der Schlieffensche Plan, bei einer im Geist seines Schöpfers erfolgten Ausführung, die größte Wahrscheinlichkeit vor allen anderen in sich trug, den Krieg erfolgreich und vor allem schnell zu beenden. Gerade diese Aussicht auf schnelle Beendigung des Krieges mußte diesen Plan jedem an sich sympathisch machen. Die militärischen Vorteile seiner Absicht dem verantwortlichen Staatsmann klar und nachdrücklich darzulegen, war Aufgabe und Pflicht des Feldherrn. Die politischen Folgen und Gefahren zu beurteilen, war nicht seine Sache. Nehmen wir an, die politische Leitung hätte bei aller Würdigung seiner militärischen und damit letzten Endes auch politischen Vorteile doch dem Schlieffenschen Plan ihr Veto entgegengesetzt, so würde der Feldherr pflichtmäßig auf die Verminderung der Aussichten auf schnelle und erfolgreiche Lösung seiner Aufgabe hingewiesen und – einen anderen Plan aufgestellt haben. Schlieffen, der uns lehrte: »Nicht *eine* Methode, ein Mittel, eine Aushilfe, sondern viele«, wäre auch der veränderten Lage gewachsen gewesen. Ob er zu dem Entschluß gekommen wäre, wie es von englischer Seite nachträglich uns empfohlen wird, sich mit aller Kraft zunächst auf Rußland zu werfen und unsere Westgrenze nur zu verteidigen, mag dahingestellt sein. Rußlands Verteidigungskraft und sein Ausweicheraum sind groß und die Erfahrungen von 1812 schreckten. Mit schneller Beendigung des Krieges konnte die politische Leitung keinesfalls rechnen, aber mit einem Verteidigungskrieg im eigenen westlichen Grenzgebiet. Wohl lehrt Friedrich der Große, daß man um entscheidender militärischer Vorteile willen auch eigene Landesteile zeitweise »sakrifizieren« muß; aber der Entschluß zu solcher Preisgabe eigenen Bodens fällt immer politischer und militärischer Leitung gleich schwer. Gleichviel zu welchem Entschluß man kam, ein Ausweg war immer zu finden, auch wenn das Tor Belgien geschlossen blieb. Hier kommt es nur darauf an, die Verantwortlichkeiten für den folgenschweren Kriegsplan von 1914 klarzustellen, nicht um nachträglich Kritik zu üben, sondern als Beispiel für die Grundsätze, die dem Zusammenwirken von politischer und militärischer Leitung zugrunde liegen müssen. Die Verantwortung für den Plan selbst, für die auf ihn zu setzenden Hoffnungen, für seine Durchführbarkeit und seine militärischen Aussichten trug der Feldherr. Für die politischen Folgen der Ausführung des Planes und damit für seine Zulässigkeit im Rahmen der Gesamtpolitik war der Staatsmann verantwortlich. Die Schuld, daß der Plan nicht im Sinne seines Schöpfers zur Ausführung gekommen ist und daß er nicht zum militärischen Erfolg geführt hat, trifft allein den Feldherrn.

So ergibt sich bei den Vorbereitungen für einen möglichen Krieg die Notwendigkeit der Zusammenarbeit von Staatsmann und Feldherr und im besonderen der Ressorts des Auswärtigen und des Krieges. Je enger und vertrauensvoller dieser Meinungsaustausch ist, um so besser für das Ganze. Nur soll man weder die Diplomatie noch die Kriegskunst für eine Geheimwissenschaft halten, deren Rezepte nur dem Adepten zugänglich sein dürfen. Vielleicht hat es vor dem Krieg an dieser Zusammenarbeit bei uns gefehlt; dann wird die Schuld daran wohl auf beiden Seiten gelegen haben.

Wenden wir uns nun der Zusammenarbeit im Krieg zu. Für den Feldherrn ist es zunächst gleichgültig, ob der Staatsmann den Krieg, für dessen Ausbruch er, auch wenn er ihm aufgezwungen ist, die politische Verantwortung trägt, nur zur Verteidigung der eigenen Interessen oder um eines bestimmten Zieles willen führt. Für ihn gibt es nur die Aufgabe, die feindliche Kriegsmacht möglichst schnell und möglichst vollständig zu vernichten und damit den Gegner zum Verzicht auf seine politischen Pläne und zum Frieden zu zwingen. Bei der Durchführung dieser Aufgabe ist er vollständig selbständig. Man kann für diese Aufgabe am besten den Grundsatz anwenden, den wir einst gern mit dem Namen »Auftragstaktik« bezeichneten und der, im Anfang des großen Krieges vielleicht zu weitgehend ausgelegt, in seinem Verlauf leider allzusehr in Vergessenheit geraten, doch richtig bleibt. Man verstand darunter, im Gegensatz zu dem sich in Einzelheiten der Ausführung einmischenden bindenden Befehl, die Bezeichnung des zu erreichenden Ziels unter Überweisung der Mittel, aber unter voller Freiheit für die Durchführung des Auftrags. Dem lag der gesunde Gedanke zugrunde, daß der, welcher die Verantwortung für das Gelingen trägt, sich auch den Weg zu ihm wählen muß. Wie es ein Zeichen kleinen Geistes ist, sich einer Verantwortung zu entziehen, so ist es eine Überhebung, eine Verantwortung an sich zu reißen, der man nicht gewachsen ist. –

Erringt der Feldherr den kriegentscheidenden Sieg, so bringt er ihn der politischen Staatsleitung, dem Staatsmann, als hochwillkommene Unterlage für neue Entschließungen dar. So einfach wie dieser Satz entwickelt sich das kriegerische Geschehen freilich selten. Selten ist die Folge von Königgrätz und Nikolsburg, aber vielleicht vorbildlich für den Rollenwechsel zwischen Feldherrn und Staatsmann. Meist tauchen im Lauf des Feldzugs Probleme auf, bei denen sich die politischen Interessen in die rein militärischen einmengen. Rezepte lassen sich für den Ausgleich beider nicht geben; nur Takt auf allen Seiten und Erkenntnis der Gemeinsamkeit des Ziels können hier helfen oder der Machtspruch des Staatsmannes muß entscheiden. Das Ziel eines Krieges ist sein Ende. Diesem mit allen Mitteln zuzustreben, mit militärischen und politischen, ist Aufgabe aller beteiligten Faktoren. Der Feldherr kennt kein anderes Kriegsziel als das eine, die militärische Vernichtung des Feindes. Der Staatsmann mag bei Ausbruch des Krieges seine bestimmten Ziele gehabt haben, sie mögen sich auch im Lauf des Krieges und nach seinem Verlauf ändern, verengen, erweitern. Er wird dauernd das Urteil des Feldherrn hören über die militärische Lage, ihre Aussichten und Möglichkeiten, ebenso wie ihm sein diplomatischer Berater über die Wirkung des Kriegsverlaufs auf andere Staaten berichtet und ihn die inneren Ressorts über die Leistungsfähigkeit des eigenen Landes auf dem laufenden halten. Auf Grund aller dieser Nachrichten wird sich täglich der Staatsmann die Frage vorlegen, ob schon das Ende des Krieges herannaht, ob er schon sein Ziel erreicht hat oder ob seine Erreichung in greifbarer Nähe ist, ob dieses Ziel noch weiterer Opfer wert ist, ob endlich der Feind sich zu einem Frieden bereit findet. Fällt die Entscheidung nach allen diesen Überlegungen bei dem Staatsmann für die Fortsetzung des Kampfes, so setzt der Feldherr die Durchführung seines Auftrags mit dem alten Ziel fort. Die Schwierigkeiten nehmen zu, wenn der Krieg an räumlicher Ausdehnung wächst, wenn er auf mehreren Fronten, gegen verschiedene Gegner zu führen ist. Das Urteil darüber, gegen welchen Feind die Hauptkräfte zum entscheidenden Erfolg einzusetzen sind, fällt naturgemäß in erster Linie dem Feldherrn zu; aber schon in diesen Entschluß mischen sich politische Erwägungen über die möglichen und wahrscheinlichen Folgen des Sieges über den einen oder den anderen Gegner. Kräfteanhäufung an einer Stelle bedingt eine Schwächung an anderer, und politische

Bedenken können bei der Möglichkeit eines Rückschlags an dieser oder bei der notwendigen Preisgabe eigenen Landes mitsprechen. Verdoppelt aber sind die Schwierigkeiten, wenn der Krieg mit Bundesgenossen zu führen ist. Wie die dem Krieg vorausgehende Bündnispolitik, also der Abschluß von Bündnissen, auch von Militärbündnissen, Sache des Staatsmannes ist, so bedarf auch die Zusammenarbeit der Bundesgenossen im Krieg dauernd der politischen Mitarbeit. Wenn auch die Einheitlichkeit des militärischen Oberbefehls anzustreben, ja nach den Erfahrungen des letzten Krieges Voraussetzung für den Erfolg ist, so kann man doch nicht mit dem völligen Aufgehen der staatlichen Machtmittel des einen Staates in die des anderen rechnen. Stets bleiben Sonderinteressen bestehen, denen Rechnung zu tragen nicht Sache des Feldherrn allein sein kann. Jeder Staat wird wünschen, seine Grenzen möglichst sicher geschützt zu sehen, und nur der gemeinsamen Erwägung zwischen Staatsmann und Feldherr wird es gelingen festzustellen, was aus militärischen Gründen hierfür gewährt werden kann, was aus politischen gewährt werden muß. Militärisch kann die Preisgabe eines Bundesgenossen erwünscht sein, welche die Politik nicht zuläßt. Eine Uneinigkeit zwischen diplomatischen und militärischen Ressorts, auch nur ein Nebeneinander in ihrer Tätigkeit, muß gerade im Bundeskrieg von den schädlichsten Folgen sein.

Nehmen wir an, daß sich der Krieg nun seinem Ende zuneigt. Die Anregung zum Friedensschluß kann vom Feldherrn ausgehen. Im glücklichen Falle kann er einen von ihm erfochtenen Sieg für so ausschlaggebend halten, daß er die militärische Widerstandskraft des Feindes als gebrochen ansieht. Ebenso kann er eine eigene Niederlage für so entscheidend erklären, daß ihm ein weiterer Widerstand keine Aussicht auf Erfolg zu bieten scheint. Endlich kann er das Nachlassen der Kräfte des Feindes, aber auch das der eigenen voraussehen und den Staatsmann pflichtmäßig und rechtzeitig darauf hinweisen. Jetzt hat der Staatsmann das Wort und die Verantwortung. Im ersten Fall wird er prüfen und festzustellen versuchen, ob der eigene Erfolg tatsächlich den Feind friedensbereit gemacht hat, ob er also bereit ist, den vom Staatsmann angestrebten Frieden zu schließen. Ob seine Forderungen politisch erreichbar sind oder ob ihre Höhe zu einer Verlängerung des Krieges führen muß, das zu entscheiden ist seine Sache. Der Feldherr wird nach seinem Erfolg den Krieg fortzusetzen in der Lage sein; aber der Vorwurf der Kriegsverlängerung kann ihn nicht treffen. Gegenüber dem Eingeständnis der eigenen Niederlage steht der Staatsmann vor der Frage, ob er versuchen soll, möglichst schnell den Frieden zu schließen, der natürlich nur unter für ihn ungünstigen Bedingungen zu haben sein wird, oder ob er trotz der Erklärung des Feldherrn in der Fortsetzung des Krieges das kleinere Übel vor dem ungünstigen Frieden sieht. Vielleicht glaubt er, hoffnungsfreudiger als der Feldherr, noch an einen Umschwung aus eigener Volkskraft, vielleicht rechnet er mit einem helfenden Eingreifen von außen. Nimmt er die Verantwortung für die Fortsetzung des Krieges auf sich, dann hat der Feldherr nur die Aufgabe, nach besten Kräften auch ohne Hoffnung auf militärischen Erfolg den Krieg weiterzuführen. In gleicher Lage ist er, wenn der Feind nach seinem Sieg ein Eingehen auf Friedensverhandlungen ablehnt. Am schwierigsten ist die Entscheidung, wenn von dem zu erwartenden Ermatten der einen oder der anderen Seite die Rede ist. Schwer ist die Verantwortung des Feldherrn, der sein maßgebendes Urteil über eine nicht sichere Zukunft abgeben soll; aber er darf nicht zögern auch mit dem schmerzlichen Zugeständnis der eigenen herannahenden Schwäche, wenn er dem Staatsmann dadurch die Möglichkeit gibt, den Friedensschluß noch rechtzeitig anzubahnen, ehe vielleicht eine Katastrophe viel ungünstigere Bedingungen aufzwingt. Für den Staatsmann ist in diesem Fall die Entscheidung nicht leichter, weil auch er mit unsicheren Faktoren rechnet. Der Anstoß zu Friedensanregungen kann auch von anderer Seite gegeben werden; es kann vom Feind ein Angebot kommen, es können außenstehende Mächte intervenieren oder mit aktiver Einmischung drohen, es kann auch der Staatsmann sein Kriegsziel für erreicht, den Feind für verhandlungsbereit ansehen. Auf politischem Gebiet entsteht also die Möglichkeit des Friedensschlusses. Entschließt sich aus solchen Gründen heraus der Staatsmann zum Eintritt in Friedensverhandlungen, so haben die militärischen Rücksichten zurückzutreten. Es mag dem Feldherrn bei bisherigem günstigen Verlauf seiner Operationen schwer fallen, auf volle, vielleicht aussichtsreiche Ausnutzung zu verzichten; er hat sich der politischen Entscheidung des Staatsmannes zu beugen. Diesem fällt die Verantwortung zu, ob der Augenblick zum Friedensschluß richtig gewählt war. Beide, Staatsmann und Feldherr, haben um den Frieden Krieg geführt.

Der Friedensschluß ist Sache des Staatsmannes, wenn auch seinen Verhandlungen die militärischen Erfolge oder Mißerfolge zugrunde liegen. Der Feldherr, vor dem Abschluß zu Rate gezogen, kann militärische Wünsche, wenn für solche Raum gegeben ist, vorbringen und sie besonders dann vertreten, wenn ihre Erfüllung eine Erhöhung der Sicherheit des Landes, also eine vermehrte Friedensgarantie mit sich bringt. Zu diesem Zweck kann er sogar bei glücklichem Ausgang des Krieges Grenzkorrekturen wünschen. Weitere Forderungen zu stellen ist nicht seine Aufgabe. Den Frieden zu gewinnen ist Sache des Staatsmannes; der Feldherr hat Ruhmes genug, wenn er den Krieg gewann.

Das erreichbare Ziel

Die Frage nach dem »ewigen Frieden« führt leicht ins Uferlose. Der Skeptiker weist auf vieltausendjährige Kriegsgeschichte hin und bezweifelt, daß in Versailles der Epilog geschrieben wurde; der Idealist fragt dagegen, warum er an diesem neuen Morgenrot verzweifeln sollte. Der eine sieht ewiges Auf und Ab der Entwicklungen, der andere den Aufstieg der Menschheit zu reineren Höhen. Beweise für die Richtigkeit beider Auffassungen gibt es nicht und Prophezeien ist eine undankbare Tätigkeit. Gegen die großen welthistorischen Umwälzungen wird kein Locarno helfen, und einen Sturm vom Osten wird wie einst bei Liegnitz westeuropäische Ritterschaft mit dem Schwert aufhalten müssen. Doch um solche Überlegungen handelt es sich heute in dieser rauhen Gegenwart nicht. Die Frage ist so zu stellen: lohnt es, auf dem politischen Arbeitsfeld der Einschränkung der Gefahr kriegerischer Lösungen zuzustreben? Schon diese Frage zu bejahen, setzt genügenden politischen Idealismus voraus und die Erkenntnis, daß der Fortschritt nur langsam und etappenweise denkbar ist.

Wir werden uns auf dieser Straße, an deren Anfang der Wegweiser »Zum ewigen Frieden, Entfernung unbekannt« steht, mit dem Erreichen eines kleinen Dorfes am Abend der Wanderschaft begnügen müssen, dessen Wirtshaustür das Schild trägt: »Zur Rüstungsbeschränkung«. Wir werden den Krieg nicht aus der Welt schaffen, aber er sollte nur »um des Lebens große Gegensätze« geführt werden. Der Satz vom Krieg als Fortsetzung der Politik mit anderen Mitteln ist zum Schlagwort geworden und daher gefährlich. Ebenso gut kann man sagen: Krieg ist der Bankerott der Politik.

Unrichtig ist die Begründung der heutigen Friedensbewegung mit den technischen Schrecken und der Ausbreitung des Krieges. Human ist auch das Schwert und die 21-Zentimeter-Brisanzgranate nicht. Denken wir doch an den Dreißigjährigen Krieg und an die vielen »Wüste x Dorf«, die auf der Karte noch heute die Stelle einstiger blühender Orte bezeichnen, um uns zu erinnern, daß auch früher der Krieg nicht Weib und Kind, nicht Haus und Hof verschonte. Ob unsere vielgepriesenen Kulturgüter wertvoller sind, als die, welche einst unter Schwert und Fackel der Germanen dahinsanken, mag immerhin zweifelhaft sein. Also nicht Furcht vor dem

Gasangriff auf unsere Städte darf unser Urteil beeinflussen; Furcht war stets ein schlechter Ratgeber und Angst ist keine Weltanschauung. Gegen technische Angriffsmittel hat die gleiche Technik noch immer Abwehr erfunden.

Setzen wir uns aus anderer Überlegung heraus ein Ziel, das in den Grenzen des Erreichbaren zu liegen scheint. Wenn wir gegenüber der Forderung der Abschaffung des Krieges um der großen weltbewegenden Fragen willen resignieren, so können wir die Forderung um so lauter erheben, daß nicht um rein politischer Fragen willen zum Schwert gegriffen wird. Vielleicht – und dieses Vielleicht enthält viel Skepsis – ist es möglich, in Europa zu einem Zustand zu kommen, der ruhiger Überlegung und gewichtigem Zuspruch Zeit und Raum sichert, bevor der Eine dem Andern an die Gurgel fährt. Wir sprechen hier besser nur von Europa, denn Ostasien und Zentralafrika scheinen zurzeit friedlichen Zukunftsbestrebungen noch nicht ganz zugänglich zu sein, und Amerika ist ein Land für sich. Die Politik findet schon in Europa ein weites Feld für die eigenen Mittel.

Wenden wir uns nun zu der militärischen Betrachtung der Friedensmöglichkeit, so kann uns auch hier nur die historische Methode weiterhelfen. Es gibt im wesentlichen zwei Arten der Kriege. In dem ersten macht sich ein Volk auf, um das andere, das besser und wärmer wohnt, aufzufressen. Davon hat die Weltgeschichte Beispiele genug und vielleicht in ihrem Zukunftsarchiv noch einige schwarze oder gelbe Blätter bereit. Zu dieser Art zählen auch die Kriege, die aus den großen geistigen Bewegungen entstanden, und von denen der dreißigjährige, mit Hilfe freundwilliger Nachbarn geführte Bruderkrieg noch immer das warnende Beispiel ist. Gegenüber diesen großen kriegerischen Katastrophen stehen die Kriege, die wir gewohnt sind, Kabinettskriege zu nennen. Zwischen beiden Arten bestehen viele Übergangsstufen, und es wird schwer sein, den einen oder anderen Krieg mit Sicherheit der ersten oder zweiten Art zuzuteilen. Bringen wir beide auf eine Formel, so ist der erste Krieg der von Volk gegen Volk, der zweite der zwischen Heer und Heer. Der letzte Weltkrieg stand in seiner Art zwischen beiden; die Gründe, die zu ihm führten, gehören der Kabinettspolitik an, sein Ausmaß dem Volkskrieg.

Erklären wir uns nun unfähig, den großen weltbewegenden Machtentscheidungen wirksam vorzubeugen, so bleibt doch die Möglichkeit, auch auf militärischem Gebiet, die Kriegswahrscheinlichkeit einzuschränken.

Die Kriegsgefahr liegt wesentlich in der Ungleichheit der militärischen Kräfte, die den Stärkeren verführt, durch Drohung oder Anwendung von Gewalt dem Schwächeren gegenüber seine politischen Interessen durchzusetzen. Eine Friedenssicherung liegt daher weniger in der Rüstungsverminderung als im Rüstungsausgleich. Wenn man diesen anstrebt, wird man seine Ziele nicht zu weit stecken dürfen. Die eigentliche militärisch nutzbar zu machende Stärke eines Landes liegt in seiner Bevölkerungszahl und seinem Reichtum, und diese Machtmittel entziehen sich der Beschränkung. Wohl aber erscheint es angängig, die verwendungsbereiten Friedenskräfte in ein solches Verhältnis zueinander zu bringen, daß kein Staat über eine Macht gebietet, die der mehrerer anderer Staaten überlegen ist. Ein solcher Ausgleich würde das allgemeine Sicherheitsgefühl erhöhen, wie umgekehrt durch Verträge erhöhte Sicherheit Verminderung der Rüstungen begünstigt.

Es ist notwendig, zwischen offensiven und defensiven Rüstungen zu unterscheiden. Unternimmt man es, einem Staat die Abwehrmöglichkeit zu nehmen oder zu beschränken, so steigert man bei ihm das Gefühl der Unsicherheit und damit die Kriegsgefahr.

Der stärkste Anreiz zum Krieg ist ein wehrloser Nachbar; daher erscheint als erstes und erreichbares Ziel auf dem Weg zur Friedenssicherung der Rüstungsausgleich.

Moderne Heere

Die nachfolgenden Ausführungen geben durchaus und allein meine persönliche Meinung wieder und ermangeln jedes, auch eines aus meiner Vergangenheit etwa abzuleitenden, offiziellen Charakters. Sie lassen die Verhältnisse der deutschen Reichswehr ebenso beiseite, wie sie sich als reine Phantasiegebilde von den Fesseln des Versailler Vertrages frei wissen; sie beschränken sich endlich auf das Landheer und überlassen Marinefragen sachverständigerer Prüfung.

Wenn ich das hier aufgestellte Thema etwas näher umreißen soll, so möchte ich folgende Fragen aufwerfen und versuchen, soweit es im Rahmen dieser Darlegungen möglich ist, sie zu beantworten: Wohin geht der Weg der militärischen Entwicklung? Sind noch Heere notwendig? Wie werden sie aussehen? Wie werden sie sich verhalten?

Es sind also, freilich aus sehr realen Tatsachen abgeleitete Phantasien, die hier entwickelt werden, ohne das Mißliche jedes Prophetentums zu verkennen.

Wir werden, um einen sicheren Ausgangspunkt zu gewinnen, zunächst einen Rückblick auf die Heere werfen müssen, die in den Weltkrieg zogen, und werden dabei die erstaunliche Feststellung machen, daß alle für ihn mehr oder weniger ungenügend organisiert waren. Die Tatsache, daß alle großen europäischen Festlandmächte ihre Wehrsysteme auf dem Grundsatz der allgemeinen Wehrpflicht begründet hatten und daß allen das Streben, möglichst früh und möglichst stark an den Grenzen zu erscheinen, gemeinsam war, erleichtert den Vergleich. Die glänzenden Leistungen der deutschen Organisation brauchen hier nicht hervorgehoben zu werden; auf drei große Fehler sei aber hingewiesen. Trotz der allgemeinen Überzeugung, daß ein Krieg Deutschland vor seine Existenzfrage stellen würde, und trotzdem wir, jedenfalls in militärischen Kreisen, bestimmt mit dem Zweifrontenkrieg, also mit zahlenmäßiger Überlegenheit des Feindes rechneten, war – die Gründe dafür sind hier gleichgültig – die Volkskraft militärisch nicht voll ausgenutzt, die allgemeine Wehrpflicht nicht restlos durchgeführt. Für das Nähren des Kampfes, also für den Ersatz, war weder personell, noch materiell genügend vorgesorgt, und damit in Verbindung stehend fehlte die eigentliche wirtschaftliche Mobilmachung. Walter *Rathenaus* Weitblick und des Kriegsministers *Falkenhayn* Einsicht verdanken wir es, wenn wenigstens nach Kriegsausbruch die notwendigen Maßnahmen zum wirtschaftlichen Durchhalten getroffen wurden. Alles war auf den starken und schnellen ersten Schlag eingestellt, obwohl schon *Schlieffen* warnend auf die Möglichkeit eines neuen siebenjährigen Krieges hingewiesen hatte.

Frankreich hatte seine Wehrkraft voll ausgenutzt einschließlich der seiner Kolonien; dagegen reichte seine materielle Rüstung nicht aus, besonders nicht, nachdem der industrielle Norden und Osten unbenutzbar geworden waren. Hier half Amerikas starke Unterstützung, ohne die Frankreich kaum seinen Kriegsbedarf, namentlich an Munition, hätte befriedigen können.

Rußland konnte seine Bevölkerungszahl zunächst gar nicht voll ausnutzen; dafür war es in der Lage, ein fast unerschöpfliches Menschenreservoir für den Nachersatz zu haben, den es verstand, rechtzeitig und leidlich ausgebildet an die Front zu bringen. Dagegen war und blieb die materielle Rüstung völlig unzulänglich. Die Botschafter der Verbündeten müssen immer wieder die russischen Bitten um Waffen und Munition ihren Regierungen übermitteln; die eigene Kriegsindustrie gelangte auch während des Krieges nicht zu nennenswerter Leistungsfähigkeit.

Österreich-Ungarn war wohl von allen Großmächten am schlechtesten für den Krieg organisiert – personell und materiell. Die verschiedenen Gründe für diesen Zustand können unerwähnt bleiben; die Folgen zeigten sich im schnellen Sinken der Schlagkraft des ursprünglich vorzüglichen Heeres und in der steigenden Inanspruchnahme Deutschlands auf wirtschaftlichem Gebiet.

England hatte eine von den Festlandmächten abweichende Friedens- und Kriegsorganisation. Obwohl man, jedenfalls in militärischen Kreisen, mit einer Beteiligung an einem großen Krieg rechnete, war man für eine volle Ausnutzung der militärischen Leistungsfähigkeit wenig vorbereitet. Es scheint, als ob man geglaubt hatte, mit der Flotte und den sieben aktiven, ausgezeichneten und schlagfertigen Divisionen auszukommen; für deren Versorgung genügte die an sich leistungsfähige Industrie. Es war *Lord Kitcheners* Verdienst, rechtzeitig zu erkennen, daß ganz andere Anstrengungen für einen Enderfolg notwendig waren, und die entsprechenden Maßnahmen eingeleitet zu haben. Die englische organisatorische Leistung während des Krieges ist bewundernswert. Da die Neuformationen Zeit zur Aufstellung brauchten, konnte die Industrie sich umstellen und, wo es fehlte, half Amerika.

Die *Vereinigten Staaten von Nordamerika* nahmen zu den kriegsorganisatorischen Fragen eine Sonderstellung ein. Für den laufenden Bedarf genügte neben der Flotte das verhältnismäßig kleine Friedensheer, und seine geographische Lage erlaubte Amerika, sich den Augenblick für einen Eintritt in den Weltkrieg zu wählen. Als es sich zum Eintritt entschloß, setzte eine überwältigende organisatorische Tätigkeit ein, welche ermöglichte, aus dem unerschöpflichen Reservoir von Menschen und Mitteln eine ganz neue, moderne Armee aufzustellen, deren Kraftquellen am Ende des Krieges noch keineswegs erschöpft waren.

Bei den anderen am Krieg beteiligten Staaten lagen die Verhältnisse bei vielfachen Abweichungen im allgemeinen ähnlich.

Zu welchem militärischen Erfolg hat nun dieses allseitige Volksaufgebot, dieser Riesenaufmarsch der Heere geführt? Der Krieg endet nicht trotz aller Anstrengungen mit der entscheidenden Vernichtung des Feindes auf dem Schlachtfeld, sondern läuft im wesentlichen im Kräfte verzehrenden Abringen des Stellungskrieges aus, bis vor der gewaltigen Übermacht die Widerstandskraft des einen der Gegner, auf personellem, materiellem und endlich auch moralischem Gebiet, versiegt – nicht versagt. Ist der Sieger seines Erfolges recht froh geworden? Stehen die Ergebnisse des Krieges im richtigen Verhältnis zu den Opfern an Volkskraft? Müssen, wenn kriegerische Auseinandersetzungen unvermeidlich sind, jedesmal ganze Völker sich aufeinander stürzen? Der Soldat muß sich die Frage vorlegen, ob diese Riesenheere im Sinne entscheidungsuchender Strategie überhaupt noch führbar sind und ob nicht jeder Krieg zwischen diesen Massen wieder erstarren muß.

Vielleicht hat sich das Prinzip des Massenheeres, des Volksaufgebots schon heute überschlagen, die fureur du nombre steht am Ende. Die Masse wird unbeweglich; sie kann nicht mehr manövrieren, also nicht siegen; sie kann nur erdrücken.

Werfen wir zunächst einen Blick auf die Folgerungen, welche die Hauptstaaten aus den Kriegserfahrungen für ihre Heeresorganisationen gezogen haben, wobei wir naturgemäß die Staaten, denen diese durch Friedensbedingungen vorgeschrieben wurden, bei Seite lassen. *Amerika* und *England* sind im wesentlichen zu ihren Vorkriegseinrichtungen zurückgekehrt, also zum Prinzip kleiner, verwendungsfähiger Friedensheere; Amerika hat nur seine wirtschaftliche Mobilmachung und seine militärische Jugendausbildung wesentlich ausgebaut, England eine starke Luftflotte entwickelt. *Frankreich* ist im Begriff, seine Heeresorganisation neu zu ordnen; die Grundzüge dieser bestehen in der Schaffung und Erhaltung eines Friedensheeres, das annähernd kriegsstark, also in kurzer Zeit völlig verwendungsbereit ist, und in der vollsten Ausnutzung der allgemeinen Wehrpflicht, also der Schaffung starker Reserven. Die Dienstzeit ist stark herabgesetzt, wodurch die Ausbildung aller Waffenfähigen ohne zu hohe Friedenspräsenzstärke erreicht wird, während der Wert des verwendungsbereiten Friedensheeres durch eine größere Zahl freiwillig länger dienender Mannschaften gehoben werden soll. Wirtschaftliche Mobilmachung und militärische Jugendausbildung sind eingehend vorbereitet, ebenso wie die Heranziehung der farbigen Truppen. Bemerkenswert ist die starke, startbereite französische Luftflotte. *Italien* scheint zur Unterstützung seines Berufsheeres mit der Verwendung der fascistischen Miliz zu rechnen und betreibt eine außerordentlich lebhafte militärisch-fascistische Jugendausbildung.

Rußland sucht, durch viele Schwierigkeiten noch gehemmt, aber doch in entschiedenem Aufstieg, sich eine verwendungsbereite und seinem Sicherheitsbedürfnis entsprechende Friedensarmee zu schaffen und daneben durch ein Milizsystem der Masse seiner Waffenfähigen militärisch Herr zu werden. In den neu organisierten Heeren von *Polen*, der *Tschechoslowakei* und *Jugoslavien* finden wir im allgemeinen das Vorkriegssystem der allgemeinen Wehrpflicht unter möglichster Niedrighaltung der aktiven Dienstzeit und Bereithaltung für die Sicherheit erforderlicher Friedensheere.

Es hat hiernach den Anschein, als ob sich in der praktischen Auswertung der Kriegserfahrungen keine großen Änderungen gegen die Grundsätze der Vorkriegszeit zeigten; aber es beginnen doch neue Gesichtspunkte sich anzukündigen. Die allgemeine wirtschaftliche Lage zwingt alle Staaten, an die Beschränkung ihrer Rüstungsausgaben zu denken, also die kostspieligste Art der Rüstung, starke Friedensheere mit langer Dienstzeit und reicher Ausstattung, herabzusetzen und daneben die unproduktive Inanspruchnahme der männlichen Arbeitskraft durch den Militärdienst nach Möglichkeit zu beschränken.

Dem gegenüber steht bei der augenblicklichen politischen Gesamtlage das Bedürfnis, gegen einen feindlichen Überfall durch ein bereites Friedensheer jederzeit sich gesichert zu wissen und das allen freien Staaten gleiche Verlangen, für einen Kampf um die eigene Existenz durch die nötigen Vorbereitungen für einen Volkswiderstand gerüstet zu sein. Wenn man das in den Abrüstungsverhandlungen sich abspiegelnde allgemeine Friedensbedürfnis für aufrichtig nimmt, so liegt in den zeitigen militärischen Organisationen kein unüberbrückbarer Gegensatz, so lange man an der Auffassung festhält, daß starke, d. h. überstarke, verwendungsbereite oder in kurzer Zeit zur vollen Verwendungsfähigkeit aufzufüllende Friedensheere die eigentliche verführerische und daher gefährliche Friedensbedrohung darstellen, daß aber selbst weitgehende Vorbereitungen eines Volkskrieges weit mehr einen Verteidigungscharakter tragen, dessen Umfang davon abhängt, wie weit ein Staat von seinem Nachbar bedroht ist oder sich bedroht fühlt. Dies Bedrohungsgefühl zahlenmäßig in Abrüstungsberechnungen einzusetzen, ist unmöglich. Greifbar und der gegenseitigen Aufrechnung zugänglich sind nur die Zahlen der verwendungsbereiten Kräfte, wie überhaupt im Kräfteausgleich die größere Friedensgarantie liegt als im Streben nach einer ideellen und nicht zu erreichenden Kräfteverminderung. Damit sei das Problem der Abrüstung in diesem Zusammenhang nur ganz kurz gestreift.

Im Begriff des Krieges liegt der Wettstreit zwischen Mensch und Material. Gegen das Schwert wird der Schild erfunden, gegen die Brisanzgranate der Betonunterstand, gegen das Gas die Maske. So wird der Wettstreit weitergehen, solange es Kriege gibt, und einmal wird die Angriffswaffe die Oberhand haben, bis sich die Verteidigung ihr angepaßt hat. Die Technik arbeitet auf beiden Seiten. Es ist daher ganz falsch, vom Sieg des Materials über den Menschen zu sprechen. Das Material hat über die Menschenmasse, nicht über den

Menschen selbst gesiegt, und wird das nie, weil es nur in der Hand des Menschen Leben gewinnt.

Der Fehler liegt darin, daß man eine unbewegliche, fast wehrlose Menschenmasse einer brutalen Materialwirkung gegenüberstellte. Je mehr wir die Massen der Kämpfer steigern, um so sicherer ist der Sieg des Materials; denn dessen Grenzen sind weiter gesteckt als selbst die des reichsten Menschenreservoirs. Es bleibt somit nur der Kampf des menschlichen Geistes gegen das tote Material. Je weiter sich die Technik entwickelt, je mehr sie ihre Erfindungen und Mittel in den Dienst des Heeres stellen kann, um so höher werden die Anforderungen an den sie ausnutzenden Soldaten. Wer nur eine Ahnung davon hat, welche technischen Kenntnisse, welche vielfältigen und nur durch sorgfältig ausgebildete Fachmänner zu bedienenden Instrumente, welche geschulten und beherrschten Geisteskräfte dazu gehören, um das Feuer einer modernen Artillerie wirksam zu lenken, der wird zugeben müssen, daß diese Voraussetzungen einer aus flüchtiger Ausbildung entstandenen Truppe nicht mitzugeben sind und daß sie daher der kleinen Zahl geübter Techniker auf der Feindseite gegenüber im schlimmsten Sinn Kanonenfutter ist. Wie aber, wenn sie gar nicht da ist? Wenn sich dem durch Wissenschaft gelenkten Material kein lebendes Ziel bietet? Vernichtung des feindlichen Heeres, nicht Vernichtung des Landes ist noch immer oberstes Gesetz der Kriegskunst, obwohl es bisweilen anderen Anschein hat. Das Material hat seine Überlegenheit gegenüber der lebendigen und sterblichen Masse, nicht gegenüber dem lebendigen und unsterblichen Menschengeist.

Wer von moderner Kriegstechnik spricht, wird damit zuerst an die Flugwaffe denken; sie ist im Weltkrieg, und zum großen Teil erst nach ihm, als vollwertige Schwester neben die vom Land und von der See getreten, ohne die Grundgesetze des Krieges zu ändern. Freilich ergibt sich für den Soldaten und damit für den ihm verbündeten Techniker ein ganz neues Schlachtfeld mit seinen eigenen Bedingungen. Man hat aus der Möglichkeit des Luftangriffs auf die Zentralen der staatlichen Widerstandskraft, also des durchaus nicht neuen, aber heute leichter erreichbaren Kerns der militärischen Stärke, zu unrecht Schlüsse auf die Entbehrlichkeit der Landheere gezogen. Der Unterschied ist nur der, daß, wenn bisher nur zu Land und zu Wasser, jetzt auch in der Luft um die Entscheidung gekämpft wird. Man glaubt vielfach, daß der Kampf unter Überfliegung des Soldaten jetzt sich nur noch gegen den Zivilisten auf dem Büro und in der Werkstatt richten würde. Neu wäre der Kampf gegen das Hinterland, den Bürger, nicht; sehen wir von älteren Beispielen kulturvernichtender Kriege ab, so brauchen wir nur an den Dreißigjährigen Krieg, an Türkeneinfälle und an Heidelberg zu denken. Es wäre frivol, die Gefahren und Schrecken des Luftangriffs auf das Hinterland, besonders in Verbindung mit der Verwendung von Gas, leugnen oder beschönigen zu wollen. Er bringt auf neuem Kampfplatz die gleichen Gefahren und die gleichen Aussichten; die tätige Abwehr fällt der Luftwaffe zu, die als beste Gegenwirkung versucht, den Angriff in das feindliche Land zu tragen oder wenigstens den Angreifer zu vernichten. Als neues Erfordernis gegen diese Art der Kriegsgefahr entsteht die Vorsorge für die passive Sicherung der Lebenszentralen eines Landes, welche vielleicht kostspielig und unbequem ist. Daß bei uns in Deutschland, wo uns die aktive Luftverteidigung versagt ist, für diesen passiven Schutz nichts, aber auch gar nichts geschieht, ist schwer zu verstehen und schwerer zu verantworten.

Versuchen wir nun nach diesen kurzen Untersuchungen über den augenblicklichen Stand der Rüstungen uns ein Bild zu machen, wie der Verlauf eines künftigen Krieges sein wird, ohne aus dem Auge zu verlieren, daß die noch herrschenden Auffassungen und Vorbereitungen sich dieser Zukunftsentwicklung erst wenig angepaßt haben und daß der nächste Krieg noch einen ganz anderen Verlauf nehmen kann, als den hier vom militärischen Standpunkt aus als sachgemäß zu bezeichnenden.

Der Krieg wird mit dem gegenseitigen Angriff der Luftflotten beginnen, weil sie die am schnellsten verwendungsbereiten und an den Feind zu bringenden Kräfte sind. Dieser Feind sind zunächst nicht die Hauptstädte und Kraftquellen, sondern die gegnerischen Luftkräfte, und erst nach deren Überwindung richtet sich der Angriff gegen die anderen Ziele. Bei annähernd gleichen Kräfteverhältnissen wird es nicht schnell zu einer endgültigen Entscheidung kommen, wenn auch die eine Seite in die Verteidigung zurückgedrückt werden kann, die sie auf eigenen Angriff zu verzichten zwingt. Wie weit die materiellen und moralischen Erfolge des überlegenen Angreifers gegen die feindlichen Kraftquellen reichen, hängt von der passiven, also auch moralischen Widerstandskraft des Angegriffenen ab. Hierbei sei hervorgehoben, daß auch alle großen Truppenansammlungen wertvolle und leichte Angriffsziele sind. Die Störung der personellen und materiellen Mobilmachung ist eine der Hauptaufgaben des Fliegerangriffs.

Der durch die Luftwaffe eingeleitete Angriff wird von den verwendungsbereiten Truppen, also im wesentlichen dem Friedensheer, mit möglichster Beschleunigung übernommen werden. Je hochwertiger dieses Heer ist, je größer seine Beweglichkeit, je entschlossener und befähigter seine Führung, um so größer ist seine Aussicht, die ihm begegnenden feindlichen Kräfte in kurzer Zeit aus dem Feld zu schlagen, den Feind an der Aufstellung und Entwicklung weiterer Kräfte zu hindern und ihn vielleicht schon friedensbereit zu machen. Während die beiden Berufsheere um die erste Entscheidung kämpfen, beginnt hinter ihnen die Aufstellung der Verteidigungskräfte des Landes. Der im ersten Akt des Krieges Siegreiche wird versuchen, durch seine überlegene Bewaffnung, Ausbildung und Beweglichkeit diese ihm an Zahl überlegene, an Qualität unterlegene Masse nicht zur Entfaltung ihrer Kräfte, vor allem nicht zum Bilden geschlossener Materialfronten kommen zu lassen, während ihm aus den eigenen Menschen- und Kräftereserven die Unterstützungen zugeführt werden, deren er zur Aufrechterhaltung seiner Schlagkraft bedarf. Ich sehe also, um mich noch einmal kurz zusammenzufassen, die Zukunft der Kriegführung in der Verwendung hochwertiger und bewegungsfähiger, also kleinerer Heere, deren Wirkung durch die Flugwaffe eine wesentliche Steigerung erfährt, und in der gleichzeitigen Bereitstellung der gesamten Wehrkraft, sei es zur Nährung des Angriffs, sei es zur aufopfernden Verteidigung der Heimat.

Wie werden nun diese neuzeitlichen Heere, deren Notwendigkeit vorläufig noch unbestreitbar, deren Aufgabe vorstehend kurz umrissen ist, aussehen?

Das Friedensheer, das auch als Deckungs- oder Operationsheer bezeichnet werden kann, besteht aus längere Zeit dienenden Berufssoldaten, möglichst aus Freiwilligen. Die Dienstzeit ist verschieden und richtet sich nach der Verwendung des Mannes, wobei hochwertige technische Ausbildung naturgemäß längere Dienstzeit erfordert, während an anderen Stellen möglichste Jugendfrische wünschenswert ist. Die Zahl dieses Heeres richtet sich nach den materiellen Mitteln des Staates, nach seiner militär-geographischen Lage, nach seiner Größe und muß mindestens die Sicherheit gegen überraschenden feindlichen Angriff geben.

Man wird einwenden, daß hiermit ein Wettrüsten herausgefordert wird; aber, abgesehen davon, daß die Stärke des sehr kostspieligen Friedensheeres in der finanziellen Leistungsfähigkeit des Landes seine Begrenzung findet, bietet die Stärke der Friedensheere das beste Objekt für internationale Festsetzungen, also für Rüstungsbeschränkungen oder Rüstungsausgleich. Daß jeder Staat dieses Heer auf eine möglichst hohe Stufe der Vollendung, was Ausbildung von Führer und Mann, Bewaffnung und Ausrüstung betrifft, heben wird, versteht sich von selbst, wobei drei Hauptforderungen bestehen: Hohe Beweglichkeit, zu erreichen durch eine zahlreiche und vorzügliche Kavallerie, durch Ausnutzung des motorisierten Zuges und Marschleistungsfähigkeit der Infanterie, wirksamste Bewaffnung und dauernden Kräfteersatz. Dieses Operationsheer bedarf zum ersten Einsatz am besten gar keiner, jedenfalls nur geringer Ergänzung, also keiner Mobilmachung.

Neben und in engster Verbindung mit diesem Heer steht ein aus Offizieren, Unteroffizieren und Mannschaften zusammengesetzter Ausbildungsstamm, durch dessen Übungsformationen und Schulen die gesamte waffenfähige Jugend des Landes hindurchläuft mit kurzer erster Ausbildungszeit und den erforderlichen Wiederholungskursen. Man gewinnt auf diesem Weg eine militärische Masse, welche für den Bewegungskrieg und offensive Schlachtenentscheidung nicht geeignet, wohl aber imstande ist, nach notdürftiger Vervollständigung ihrer Ausbildung und bei entsprechender Bewaffnung die Pflicht der Verteidigung der Heimat zu erfüllen und zugleich durch ihre besten Teile das eigentliche, kämpfende Feldheer dauernd aufzufüllen. Um diese kurze Ausbildungszeit erträglich zu machen, bedarf es einer Jugendausbildung, deren Schwerpunkt weniger in militärischer als in allgemeiner körperlicher und geistiger Schulung liegt, die aber wirksam nur unter staatlichem Zwang durchzuführen ist. Auf Einzelheiten dieser Organisation, so z. B. auf die Gewinnung und Schulung des Offiziermaterials einzugehen, führte hier zu weit; es sei aber noch ein Blick auf die Bewaffnungsfrage geworfen, die mit der unerläßlichen wirtschaftlichen Kriegsvorbereitung im engsten Zusammenhang steht.

Bei der Erörterung dieser Frage müssen wir von dem Satz ausgehen, daß eine Armee fast nie, oder doch nur vorübergehend, die Waffe besitzt, die sie sich wünscht und die die zur Zeit beste ist; denn in dem Augenblick, in dem eine Waffe eingeführt ist, ist sie bei der schnellen Entwicklung der Technik auch schon veraltet. Die Kosten der Um- und Neubewaffnung einer großen Armee sind so enorm, daß jeder Staat solche Maßnahmen erst gezwungen vornimmt.

Je kleiner eine Armee ist, um so leichter wird es sein, sie modern zu bewaffnen, während die dauernde Bereithaltung moderner Bewaffnung für Millionenheere Unmöglichkeit wird.

Die Forderung, das Operationsheer sowohl jederzeit verwendungsbereit zu halten, wie es erstklassig zu bewaffnen, zwingt dazu, diese Bewaffnung in voller Zahl, in möglichst hoher Qualität und mit den nötigen Ersatzvorräten und Ergänzungsquellen bereit zu halten. Die Kosten dieser Forderung wirken an sich einschränkend auf die Stärke dieses Friedensheeres. Für die einmal angenommene Stärke muß aber nicht nur die für nötig gehaltene Bewaffnung und Ausrüstung in den Händen der Armee sein, sondern auch die Vorräte für den ersten Ersatz müssen bereit liegen, die so lange zu reichen haben, bis die Neufertigung durch die besonders hierfür bestehenden Fabriken einsetzt. Diese Forderung wäre an sich selbstverständlich und enthielte nichts Neues, wenn hier nicht mit der wesentlich kleineren Operationsarmee an Stelle des zu bewaffnenden Volksaufgebots gerechnet würde. Diese Volksbewaffnung ist auf eine ganz neue Basis zu stellen. Die Bereithaltung eines modernen Rüstungsmaterials für die Millionenheere wird zur Unmöglichkeit, wenn man die berechtigte Forderung aufstellt, daß diese Massen bei ihrer geringeren soldatischen Ausbildung der Unterstützung durch das Material ganz besonders bedürfen. Die Anhäufung großer Reservebestände ist das Unwirtschaftlichste, was es geben kann und gleichzeitig infolge natürlicher Überalterung von zweifelhaftem militärischem Wert; man denke nur an eine Magazinierung von Tausenden von Flugzeugen, die oft schon nach einem Jahr durch neue Typen wertlos gemacht werden.

Für die Massenbewaffnung gibt es nur einen Weg: Die Feststellung des Typs der Waffe zusammen mit der Vorbereitung der Massenanfertigung im Bedarfsfall. Die Armee in Verbindung mit der Technik ist in der Lage, durch dauerndes Studium in Versuchsanstalten und Übungsplätzen den jeweilig besten Typ der Waffe festzustellen. Mit der Industrie ist die Vereinbarung zu treffen, daß dieser festgesetzte Typ sofort und in dem erforderlichen Umfang in Arbeit genommen werden kann. Hierfür bedarf es eingehender Vorbereitungen, die der gesetzlichen Basis nicht werden entbehren können. Diese Vorbereitungen sind in engster Zusammenarbeit zwischen Soldaten und Wirtschaftlern zu treffen und beziehen sich nach der Feststellung und Sicherung der erforderlichen Rohstoffe auf die Auswahl und Einrichtung der Fabriken für alle Teile der Bewaffnung und Ausrüstung. Die Vorbereitung der Umstellung der Fabriken vom Friedens- zum Kriegsbetrieb, Bereithaltung von Material und Maschinen verlangen naturgemäß schon im Frieden staatliche Subventionierung, die aber immer noch vorteilhafter für den Staat sein wird als die Beschaffung und Unterhaltung von großen und veraltenden Rüstungsvorräten. Wenn die militärischen Forderungen auf die Voraussetzungen schneller Massenanfertigung durch Verzicht auf das Allerfeinste zugunsten des möglichst Einfachen Rücksicht nehmen, so kann auch die Zeitspanne, die zwischen Auftragerteilung und Beginn der Lieferung liegt, abgekürzt werden, eine Zeit, die ja durch den Kampf der Operationsarmee gewonnen werden soll.

Eine Fülle von Problemen militärischer und wirtschaftlicher Art tauchen beim Durchdenken dieser Fragen auf, die ich hier nur leise streifen konnte, und ich bin zufrieden, wenn dieser Ausflug in das Land militärischer Phantasie Anlaß zur weiteren Beschäftigung mit diesen Problemen geben sollte.

Heer im Staat

Die Stellung des Heeres im Staat und das Verhältnis von Volk zur Wehrmacht sind für das öffentliche Leben von oft entscheidender, stets bezeichnender Bedeutung gewesen, sind es heute und können es in verstärktem Maß morgen wieder sein. Bei historischer Betrachtung dieser Wechselbeziehungen würden wir auf Verschiedenheiten innerlicher und äußerer Art treffen, welche an Zahl nicht geringer sind als die der Staaten selbst. Wir wollen versuchen, das Bleibende in diesen Beziehungen zu finden und uns darüber klar zu werden, wie dieses Verhältnis zum Nutzen des Ganzen sein sollte. Damit möchte ich gern diese Darlegungen über die Fläche der Tagesfragen stellen und bitte mich von allen Schlagworten fern halten zu dürfen, auch von so lieb gewordenen wie »Volk in Waffen«, »Söldnertum«, »Entpolitisierung« usw. Ich sehe heute durchaus nicht »die Flammenzeichen rauchen«. Ich sehe aber noch den Rauch in vielen Köpfen und möchte helfen, ihn zu verjagen; denn unsere Zeit will klares Denken, klare Augen und klare Ziele. Ich fasse mein Thema in die zwei Fragen zusammen: Was verlange ich vom Heer? Was verlange ich für das Heer?

Werden wir uns zunächst über das Wesen des Heeres klar. Wollen wir uns nicht in weitläufige historische Betrachtungen verlieren, so können wir die Entwicklung des Heerwesens im wesentlichen in drei Epochen zusammenfassen, die natürlich bei den verschiedenen Völkern je nach der Rolle, die sie in der Geschichte gespielt haben, zeitlich ganz verschieden sind. Die erste Epoche ist die des streitbaren Volkes, die zweite die des Berufsheeres und die dritte wiederum die der Volksbewaffnung oder der allgemeinen Wehrpflicht. Das griechische Volk focht bei Salamis und in den Thermopylen, doch schon Alexanders Züge zeigen den Beginn des nationalen Berufsheeres. Roms Volksheere unterwerfen Italien, doch die Herrschaft der Welt erringen römische Berufssoldaten. Völker in Waffen brechen von Norden hinein in die Kultur des Mittelmeeres, doch der erste römische Kaiser deutscher Nation steht in Rom an der Spitze eines deutschen Berufsheeres. Von Osten branden durch Jahrhunderte Völker in Waffen gegen den Westen, den seine Ritterschaft, den seine organisierten Heere schützen.

Im Lauf kriegerischer Zeiten wird immer wieder der Bürger gezwungenermaßen zum Soldat; in Siebenbürgen zieht der Bauer gegen drohende Überfälle in seine Festungskirche, in Deutschland steigt der ehrsame Handwerker mit Schwert und Schild auf die Mauer, um seiner Stadt Freiheit, sein und der Seinen Leben zu schützen. Daneben erreicht das Berufssoldatentum im italienischen Condottierewesen, im deutschen Landsknechttum, im weltdurchfechtenden Schweizer seinen Höhepunkt. Im Dreißigjährigen Krieg sammeln noch die großen Namen Tilly, Wallenstein, Bernhard von Weimar Europas kriegslustige und vom Krieg lebende Soldatenschar um sich; aber schon erscheint in Deutschland das nationale Schwedenheer, dessen fast unbegreifliche Erfolge auch nach seines großen Königs Tod außer in seiner eingeborenen militärischen Tüchtigkeit in der Einheitlichkeit seiner Struktur liegen, weil es fühlt »wie ein Schwed« und »wie ein Protestant«.

Die Völker haben sich abgerungen und aus der Erschöpfung entstehen ganz natürlich im Lauf des 18. Jahrhunderts die Berufsheere. Noch gibt es in ihnen Elemente genug, und es sind oft die besten, die Soldaten aus Beruf und Neigung »gleichgültig unterm Doppeladler fechten wie unterm Löwen und den Lilien«; aber im wesentlichen gewinnen diese Heere doch nationalen Charakter. Wenn Frankreich auch noch viele Fremdenregimenter unterhält, England sich neben seinen heimischen Truppen für weitgreifende Unternehmungen ausländische kauft, so werden doch schon Heere wie das russische und preußische fast rein aus Landeskindern gebildet.

Nun tritt in diese Welt der Berufsheere ein durchaus neues Element, das des Verhältnisses zwischen Heer und Fürst. Das Land ist in diesen Zeiten in der Person des Monarchen verkörpert, der Staat ist, jedenfalls in äußeren Beziehungen, durchaus mit dem Herrscher eins. Dadurch entsteht ein ganz natürliches Zugehörigkeitsverhältnis des Heeres zur Person des Monarchen. Hier haben wir die Quelle der natürlichen, persönlichen Beziehungen zwischen Fürst und Heer zu suchen, die bis in unsere Tage lebendig fortwirken; so nennt sich z. B. seit den Tagen des 18. Jahrhunderts Englands modernste Artillerie noch immer The Royal Artillerie Corps. Dieser Zusammenhang zwischen Kriegsherr und seinen Soldaten ist in dieser Zeit begründet, nicht in der Zeit, aus der man nebelhafte Schlagworte wie Vasallentum und Gefolgschaft ableitet und in der des Reiches Vasallen sich ihre Gefolgschaft meist teuer abkaufen ließen, um dann nur allzu oft den in südlicher Ferne weilenden Kaiser doch zu verraten. Wie stark der monarchische den militärischen Gedanken beherrschte, sehen wir am besten an der »kaiserlichen« Armee dieser Tage, der österreichischen, deren vielsprachige und vielartige Teile bis in unsere Tage hinein »Der Kaiser« zusammenhielt. Es ist natürlich, daß in dieser Zeit der Zersplitterung, der Zeit der Kleinstaaten sich wie das Staatsgefühl selbst so auch das organische Leben der Heere ganz verschieden entwickelte, hier zur Soldatenspielerei, dort zum Beginn volkstümlicher Wehrmacht führt, volkstümlich in dem Sinn, daß das Volk anfängt, an dem fürstlichen Heer inneren Anteil zu nehmen. Bezeichnend für die Stellung des Königtums im Volk ist, daß Preußen über Leuthen jubelt, während man in Paris über die Niederlage des Herzogs von Soubise bei Roßbach Schadenfreude empfindet.

Die Ideen der französischen Revolution führen eine völlig neue Epoche der Kriegführung herbei. Ich sage bewußt die Ideen, nicht die Maßnahmen; denn an den Erfolgen der französischen Revolutionsheere ist nicht ihre Leistungsfähigkeit, auch nicht Unfähigkeit der gegnerischen Heere, sondern die Politik Schuld. Zur Tat führt die Ideen der Revolution *Napoleon*, weil er die Kraft einer Nation zur Vollstreckung eines hohen Willens und um große Ziele einsetzte. Daß seine Gegner das nicht verstanden haben, auch ohne revolutionäre eigene Gedanken und Maßnahmen gar nicht in der Lage waren, ihm entgegenzutreten, das erklärt Jena, Austerlitz, Moskau bis – ja bis Europa ihm gleiche revolutionäre Kräfte entgegenstellte; denn was ist Preußens Erhebung unter *York, Stein, Arndt, Gneisenau, Scharnhorst* schließlich anders als eine Revolution, freilich gelenkt »mit weiser Hand, zur rechten Zeit«? Tief grollend und in seinem Groll unwiderstehlich wahrt Rußland sein Russentum, selbst Österreichs kalte Staatskunst wird fast erwärmt durch seiner Völker Abwehrwillen, und Spaniens Nationalgefühl schlägt dem großen Eroberer die erste, nie sich schließende Wunde.

Der Kampf der Ideen war ausgefochten, und Stille legte sich über Europa.

Unter den fortwirkenden Gedanken der französischen Revolution blieb auch der der allgemeinen Wehrpflicht. In verschiedener Form und in verschiedenem Ausmaß setzte dieser Gedanke sich – sehen wir von England ab – allgemein in Europa durch. Unter dieser Idee haben wir den Weltkrieg durchgekämpft, und sie war stark genug, auch England, dann Amerika in ihren Bann zu ziehen. Sie herrscht noch und erstreckt sich heute über den Rahmen der waffenfähigen Männer hinaus auf die gesamte militärisch auszunutzende Kraft des Volkes.

So denkt man in Frankreich und, um die Folgen gleichen Denkens bei uns zu hindern, untersagte uns Versailles die allgemeine Wehrpflicht. Hier sei kurz der Zweifel angedeutet, der dem Soldaten kommt, der in Beweglichkeit, Schnelligkeit und Geist die Entscheidung sucht, ob für solche Entscheidung diese Massenheere noch brauchbar sind und ob nicht wieder Völker im Schützengraben enden werden. Dieser Gedanke führt uns vom Thema ab, das den Soldaten an sich in seinem Verhältnis zum Staat behandeln wollte, wobei wir es dahingestellt sein lassen, ob ihn allgemeine Dienstpflicht, ob freiwillige Pflichtübernahme zu dem machte, was er ist. Noch aber haben wir nach dieser langen, aber vielleicht nicht überflüssigen historischen Einleitung das Wesen des Heeres nicht ganz erfaßt; denn das Heer hat sein Eigenleben, d. h. es lebt unter ganz bestimmten Voraussetzungen und Bedingungen.

Die Bereitwilligkeit zum Tod in Erfüllung der Berufspflicht ist das ernste Kennzeichen des Soldatentums. Auch in anderen Berufen kann die Einsetzung des Lebens bei Erfüllung der Pflicht gefordert werden, an jeden Mann kann die letzte Hingabe als ethische Pflicht außerhalb seines Berufes herantreten, in keinem anderen aber ist das Töten und damit das Bereitsein selbst zu sterben das eigentliche Wesen der Berufspflicht. Wenn wahre Kriegskunst die Vernichtung des Feindes anstrebt, so muß ihr Träger auch darauf gefaßt sein, selbst vernichtet zu werden. Diese Auffassung vom Wesen des Soldaten gibt die Berechtigung, von seinem Stand als von einem ganz besonderen zu sprechen. Es ist die Verantwortung für Leben und Tod, was ihm Eigenart, Ernst und Selbstbewußtsein verleiht, nicht nur die Verantwortung für das eigene Leben, das auch nicht leichten Herzens, sondern aus dem Gefühl der Pflicht heraus hingegeben werden darf, sondern damit zugleich für das Leben der Mitkämpfer und schließlich auch des Feindes, den zu töten nicht eigener freier Wille veranlaßt, sondern die Erkenntnis der Berufspflicht zwingt.

Das Gefühl der Verantwortung für sich und andere ist eine der wesentlichsten Seiten des Soldatentums. Die Verantwortung für sich selbst fordert die größte innere und äußere Ausbildung für den Beruf, damit das letzte Opfer nicht umsonst gebracht wird. Die Verantwortung für die anderen führt uns zu der nächsten, nicht weniger wichtigen Forderung an den Soldaten.

Das Arbeitsfeld des Soldaten ist der Mensch, der Wissenschaft, Technik, Material beherrscht. Das Heer ist die Vereinigung vieler Menschen zum gleichen ernsten Zweck. Das ergibt für den Soldatenstand ein ganz besonderes Band, eine Zusammengehörigkeit, die wir Kameradschaft nennen. Unter diesem Begriff fassen wir viel und Verschiedenes zusammen. Gehen wir von der Verantwortung aus, so kommen wir zu der Forderung des »Einer für Alle«; denn jeder trägt in seiner Weise und an seiner Stelle die Mitverantwortung für das Ergehen, Können, Leisten, für das Leben des Anderen. Das ergibt für den Älteren, Führenden, den Vorgesetzten die Pflicht der Belehrung, Ausbildung und der Fürsorge für den Jüngeren, Lernenden, den Untergebenen die Pflicht bewußter, freiwilliger Unterordnung. Liebe und Vertrauen sind die beiden großen Komponenten der Kameradschaft.

Befehlen und Gehorchen sind die Kennzeichen des Heeres. Beides ist schwer. Mit je mehr Klugheit und Verständnis befohlen, mit je mehr Erkenntnis und Vertrauen gehorcht wird, um so leichter fällt beides. Die menschliche Natur verlangt zur Zusammenfassung Vieler zu einem Ziel den Zwang. So wird die Disziplin untrennbares Wesensteil des Heeres, deren Art und Grad recht eigentliche Wertmesser seiner Tüchtigkeit sind. Je freiwilliger die Disziplin ist, um so besser; aber nur Disziplin, die zur Gewohnheit und Selbstverständlichkeit geworden ist, besteht die Probe in der Stunde der Gefahr.

Das Gefühl der Zusammengehörigkeit und das Selbstgefühl führen dazu, dem auch nach außen Ausdruck zu geben. So entsteht die Berechtigung der Uniform als des Abzeichens eines besonderen Standes. Die Uniform erinnert an die Verantwortung des Soldaten, sie ist das äußere Zeichen innerer Kameradschaft, sie unterstützt und beweist die Disziplin.

Nun endlich stellen wir dieses so gewordene und so geartete Heer in den Staat.

Haben wir im Vorstehenden die Eigenart des Heeres entwickelt, so ist es notwendig, im Anschluß daran zu betonen, daß das Heer ein Teil des Volkes ist und sich als solchen Teil zu fühlen hat. Wir können uns heute nur Heere von rein nationalem Charakter denken, und alle Eigenschaften eines Volkes werden sich in denen seines Heeres abspiegeln. Wenn wir bei den hohen, ideellen Anforderungen, die wir an das Wesen eines Heeres stellten, auch für dieses Heer die Auswahl unter den Tüchtigsten des Landes mit Recht verlangen oder, wenn wir unter der allgemeinen Wehrpflicht von jedem Dienenden für die Zeit seines Dienstes im Heer eine Steigerung seines Verantwortungsgefühls und seines Manneswertes fordern, so ergibt doch der Charakter eines nationalen Heeres, daß aus allen Kreisen des Volkes ihm Kräfte zugeführt werden. Das ist für das Heer selbst ein Nutzen und eine Notwendigkeit, denn die in ihm gestellten Anforderungen sind so verschiedene, daß ihnen nur eine Zusammensetzung aus allen Schichten gerecht werden kann. Es ist im Heer Raum und Betätigung für die höchste geistige wie die höchste körperliche Leistungsfähigkeit. Treibt den Einen durch Geschlechter betätigte, ererbte Freude am Waffenhandwerk zum Heer, so möchte der Andere sein Können und Wissen gern in den unmittelbarsten Dienst am Staat stellen; den lockt der frische Einsatz von Manneskraft und Wert, den die Tätigkeit im Feld, den lockt die Kriegsmaschine und den Anderen das Pferd.

»Αὐτός γὰρ ἐφέλετει ἀνδρα σίδρος«

Das Eisen zieht den Mann an.

Eine solche Zusammensetzung und daraus folgend die innige Verbindung mit allen Volksschichten, das Mitleben von allen Schicksalen des Volkes bewahrt das Heer davor, eine Kaste zu werden, wo es ein Stand sein soll.

Nicht zum Staat im Staat soll das Heer werden, sondern im Staat dienend aufgehen und selbst zum reinsten Abbild des Staates werden.

Das Heer verkörpert, aus allen Stämmen und Ständen zusammengesetzt, sinnfällig die nationale Einheit des Staates und wird zu

einer der stärksten Klammern des Staatsgebäudes. Es sichert nach
außen den Bestand des Staates durch Bereitsein zur Abwehr eines
Angriffs auf ihn und ist damit der Ausdruck des Staatswillens zur
Selbstbehauptung. Im Streit der verschiedenen Interessen in der
Welt verschafft das Heer dem Staat das Gewicht seines Wortes. Im
Heer tritt sinnfällig die Pflicht des Einzelnen zur Einordnung in das
Ganze, den Staat hervor und die Verantwortung des Einzelnen für
das Ganze.

Im Innern verkörpert das Heer den Staatswillen und die Staats-
macht gegenüber allen staatsfeindlichen Bestrebungen und erfüllt
damit die Aufgabe, dem Ganzen staatliche Ordnung und Sicherheit
zu gewähren.

Wie der Staat so ist auch das Heer nicht um seiner selbst willen
da, sondern sie sind beide Formen, in denen sich der Wille eines
Volkes zum Leben und Bestehen zeigt.

Aus diesem Verhältnis des Heeres zum Staat ergeben sich für
beide Rechte und Pflichten.

Die erste Pflicht des Heeres gegenüber dem Staat liegt in dem
Streben nach eigener größter Leistungsfähigkeit, in der Steigerung
seines inneren und äußeren Wertes; denn damit steigert es zugleich
Macht und Ansehen des Staates. Das Heer hat die Pflicht, sich in
das Gesamtgetriebe des Staates einzufügen und sich dem Staatsin-
teresse unterzuordnen. Im gesunden Staatsorganismus verfügt die
oberste Staatsleitung, ganz gleich wie ihre Form ist, in den durch
Recht, Gesetz und Verfassung gezogenen Grenzen über alle Mittel
des Staates, also auch über das Heer. Dieses wird, seiner Eigenart
entsprechend, zum ersten Diener des Staates, von dem es ein Teil
ist. Das Heer hat dafür das Recht, vom Staat zu fordern, daß sein
Anteil am Leben und Wesen des Staates volle Berücksichtigung
findet. Es ist dem Staat als Ganzen, der in seiner Leitung verkörpert
ist, unterstellt, nicht einzelnen Teilen des Staatsorganismus nach-
oder untergeordnet. Damit kommen wir zu den Pflichten des Staates gegen das Heer. Ihm ist volle Freiheit in seiner Entwicklung und
in seinem Eigenleben zu geben, soweit sich diese in den Gesamt-
körper einfügen lassen. In der inneren und äußeren Politik haben
die vom Heer vertretenen militärischen Interessen volle Daseinsbe-
rechtigung neben den anderen Staatsnotwendigkeiten. Sie gegenei-

nander abzuwägen ist Aufgabe der obersten Staatsleitung. Bei richtiger Auffassung vom Wesen des Heeres, als dem reinsten und sinnfälligsten Abbild des Staates selbst, muß dieser erkennen, daß er im Heer sich selbst ehrt, daß mit dem Ansehen des Heeres das der Staatsautorität steht und fällt. Wenn vom Heer zu verlangen ist, daß es sich solcher Anerkennung würdig zeigt, so ist vom Staat zu erwarten, daß er dem Heer und seinen Vertretern die ihnen gebührende Stellung in der Öffentlichkeit sichert und sie gegen Angriffe schützt. Durchaus natürlich ist es, daß diese Wertschätzung sich auch in materieller Beziehung auswirken muß; denn ein Staat braucht nicht nur willige, sondern auch zufriedene Diener. Je höher Anforderung und Leistung, um so höher der Lohn; dies wirtschaftliche Gesetz ist auch bei dem Verhältnis zwischen Heer und Staat nicht auszuschalten. Gewiß dient der Soldat nicht um des Lohnes willen, aber unklug handelt der Staat, der nicht seinen treusten und wertvollsten Diener von den Sorgen des täglichen Lebens und mehr noch von der Sorge um die eigene und der Seinen Zukunft nach Möglichkeit freistellt.

Also – um auf meine Fragen im Eingang zurückzukommen –: Was verlange ich vom Heer? Staatsgesinnung. Was verlange ich vom Staat? Liebe zum Heer.

Und nun zum Schluß. Ich habe versucht, mein Thema rein politisch zu nehmen. In dem Sinn, in dem ich es verstehe, soll das Heer politisch sein, in dem Erfassen des Staatsgedankens. Doch ganz gewiß nicht parteipolitisch. »Hände weg vom Heer!« rufe ich allen Parteien zu. Das Heer dient dem Staat, nur dem Staat; denn es ist der Staat.

Neuzeitliche Kavallerie

Einige Gedanken über ihre Ausbildung und Verwendung
Schlagworte sind tödlich. Das gilt ganz besonders im militärischen
Leben, in dem jeder Lehrsatz die Frucht kühlen und klaren Denkens
sein sollte, weil seine Anwendung über Tod und Leben entscheidet.
Verantwortungsgefühl sollte in militärischen Fragen vom ungeprüf-
ten Nachbeten populärer Schlagworte fernhalten. Ein solches
Schlagwort ist das von der Entbehrlichkeit der Kavallerie. Nimmt
man noch das zweite von dem Zeitalter der Mechanisierung hinzu,
so befinden wir uns auf dem Weg zur Abschaffung einer Waffe,
deren Entwicklung im neuzeitlichen Sinn erfolgen muß.

Woher stammt die Abneigung breiter Schichten gegen die Reiterei? Zunächst ist es der begreifliche und eingewurzelte Gegensatz
des im Staub gehenden Menschen gegen den anscheinend mühe-
und sorgenlos vorbeitrabenden Reiter. Dann mag der Nimbus, der
nun einmal von altersher um Pferd und Reiter schwebt, manchen
auf die Nerven gehen, die in ihm eine der letzten Erinnerungen an
die Zeit sehen, als das Soldatenhandwerk noch mit Glanz und
Schimmer umgeben war; sie sehen in den Schwadronen einen Rest
der Ritterzeit. Freilich gibt es auch andere Stimmungen und Stim-
men; Jubel begrüßt bei den Turnieren die Vorführungen unserer
Reiterregimenter, und man freut sich, auf dem grünen Rasen die
Träger der grauen Uniform wie einst die der bunten wieder in Front
zu sehen. Die aufblühenden ländlichen Reitervereine wecken und
pflegen die Freude am edlen Pferd und seiner Beherrschung. Die
Kavallerieregimenter haben über Mangel an Freiwilligen nicht zu
klagen. Solche Stimmungen sind von Interesse; denn sie setzen sich
leicht in der Öffentlichkeit, auch in den Parlamenten durch, in denen der berechtigte Wunsch, zu sparen am Pferd und seinem Futter,
immer bequemes und ergiebiges Objekt findet. Für den Soldaten
und für militärisches Urteil können solche Gründe nicht ausschlaggebend sein. Worauf gründen sich denn nun die auch in militärischen Kreisen bestehenden Zweifel an dem Nutzen der Kavallerie?
Zum Teil spricht bei abfälligen Urteilen latenter oder offener Waf-
fengegensatz, oder sagen wir nur offen, Neid mit, oft auch das ge-
heime Gefühl, mit der fremden Waffe nichts Rechtes anfangen zu

können, ihre Eigenart nicht zu verstehen. Beide Gründe können wir übersehen und uns ernsteren Fragen zuwenden.

Die Zeit der Verwendung großer, geschlossener Kavalleriekörper ist bei der Entwicklung der Feuerwaffen vorbei. Wozu also Kavallerie-Divisionen? Gewiß: die Zeit der schlachtentscheidenden Attacke ist vorüber; doch nicht erst seit heute. Um uns das zu beweisen, bedurften wir nicht der Erfahrungen des Krieges. Das war schon lange vor ihm jedem denkenden Soldaten klar; daß die Unmöglichkeit solcher Verwendung nicht überall erkannt und daß unsere Kavallerie vor dem Kriege teilweise einseitig ausgebildet wurde, beweist nichts gegen ihren inneren Wert. Ebensowenig beweist gegen diesen die für die neuzeitlichen Aufgaben ungenügende Organisation und Ausrüstung der Kavallerie-Divisionen. Aus solchen Fehlern zu lernen, war leicht, und niemand dachte daran, die neu formierte deutsche Kavallerie zum großen geschlossenen Reiterkampf zu schulen. In ihrer Organisation waren uns Fesseln angelegt.

Schwerwiegender sind die Beweise, die aus dem Verlauf des Krieges gezogen werden. Gewiß haben uns unsere Kavallerie-Divisionen im Anfang des Weltkrieges, als die Fronten noch nicht erstarrt waren, nicht das geleistet, was wir von ihnen erwartet hatten. Das wäre anders gewesen, hätte man, statt sie geistlos vor der Front gleichmäßig zu verteilen und so gegen Festungslinien und Gebirge einzusetzen, sie vor oder hinter dem freien rechten Flügel vereinigt. Im geschlossenen Stellungskrieg bot sich für Kavallerie-Divisionen keine Verwendung; ihre Umwandlung in Schützen-Divisionen und ihre Verwendung als Infanterie war bei dem Kräftebedarf eine natürliche Folge. Erst wenn ein Durchbruch an der Westfront gelungen wäre, hätte neuzeitlich geschulte, ausgerüstete und geführte Kavallerie wieder eine Rolle spielen können. Im Osten hat dort, wo Kampfverhältnisse und Gelände es vielfach besser erlaubten, die Kavallerie nützliche Arbeit getan; ich kann hierfür nur auf die lehrreichen Schriften des Generals v. *Poseck* verweisen.

Aus dem Verlauf des Krieges den Schluß auf die Entbehrlichkeit, also Schädlichkeit der Kavallerie-Divisionen zu ziehen, ist falsch, aber oberflächlich naheliegend. Er ist richtig für den, der sich den kommenden Krieg als eine Wiederholung des letzten denkt und annimmt, daß sich wieder Völker in den Schützengraben begeben werden. Wer aber glaubt, daß der Stellungskrieg das Gegenteil des wahren Krieges ist, daß er wohl zu langwieriger Zermürbung des materiell Schwächeren, nie zum entscheidenden Vernichtungssieg, dem Ziel alles militärischen Denkens, führen kann, wer also im Bewegungskrieg diesen Zukunftssieg sucht, der wird nicht auf die Waffe verzichten, deren Eigenart Bewegung ist.

Der Flieger ist an die Seite, nicht an die Stelle der Kavallerie getreten. Der Luftaufklärung sind andere, neue Aufgaben zugefallen, welche der Erdaufklärung versagt waren; an den Grenzen beider Aufklärungsgebiete ergänzen sich die von den beiden Waffen gewonnenen Ergebnisse. Die Nahaufklärung verbleibt der Kavallerie, der auch bedeckter Himmel nicht die Augen trübt. In der Verbindung mit dem Fluggeschwader findet die Kavallerie-Division eine neue Stärkung.

Die Motorisierung der Armeen ist eine der wichtigsten militärischen Entwicklungsfragen; sie ist aber auch zu einem Schlagwort im Munde von Laien und Zünftigen geworden. Manche Propheten sehen schon die ganzen Heere in gepanzerte Maschinen verwandelt und den Ersatz der Pferdereiter durch Motorkrieger vollzogen. So weit sind wir noch nicht, und wir tun gut, mit gegebenen Verhältnissen zu rechnen, um den Forderungen der Gegenwart und nahen Zukunft zu entsprechen. Wir werden und sollen ganz gewiß vor der Entwicklung des Erdmotors und seiner militärischen Brauchbarkeit nicht die Augen verschließen, sondern theoretisch und, soweit es uns möglich, praktisch uns die Unterlagen für seine Verwendung verschaffen; aber wir sollen uns hüten, Brauchbares, Erprobtes, Vorhandenes wegen Künftigem, Möglichem zu vernachlässigen. Kurz nur sei angedeutet, daß vorläufig noch Wege, Brücken, Gebirge einer Massenverwendung von Kraftwagen sich entgegenstellen, wie das vorhandene oder schnell zu beschaffende Material uns Grenzen zieht. Das Kraftfahrzeug hat zwei militärische Hauptaufgaben: eine neue eigene Waffe zu liefern und als Transportmittel für Menschen, Geschütze und Heeresbedürfnisse zu dienen. Die Kampfwagen wachsen sich zu einer besonderen Truppe neben Infanterie, Kavallerie und Artillerie aus, ohne eine von diesen zu ersetzen. Die Transportwagen können und sollen, richtig und mit

Maßen verwandt, den Kavallerie-Divisionen einen wesentlichen Kraftzuwachs geben.

Des Rätsels Lösung ist hiernach, die Ergebnisse der Technik zur Ausgestaltung und Modernisierung des Vorhandenen auszunutzen, aber nicht Totes an die Stelle von Lebendigem zu setzen. Das Lebendige, das ist unsere Kavallerie, sollte im neuzeitlichen Geist unter voller Wahrung ihrer Eigenart zu höchster Vollkommenheit entwickelt werden.

In der ersten Zeit nach dem Kriege, als alles zusammengebrochen, alles neu aufzubauen war, tauchten merkwürdige Organisationsvorschläge auf. Aus den Notgebilden der Zeit der inneren Kämpfe, den fliegenden Kolonnen, in denen alle Waffen nach jeweiligem Bedarf und Angebot gemischt waren, folgerten manche, daß sich das Zukunftsheer aus solchen Formationen zusammensetzen müsse, die weder auszubilden, noch im wahren Kriege zu verwenden waren. Sogar der Einheitssoldat tauchte auf, der alles können sollte, also nichts wirklich konnte. Solchen und anderen Ideen setzte das Versailler Diktat, das uns die Heeresorganisation bis ins einzelne vorschrieb, ein schnelles, wenn auch ungewolltes Ende. Es gab uns neben 7 Infanterie- 3 Kavallerie-Divisionen oder, anders ausgedrückt, neben 21 Infanterie- 18 Kavallerie-Regimenter. Gewiß ein auffallendes Verhältnis. Warum unsere Feinde es festsetzten, entzieht sich unserer Kenntnis; zu unserem Nutzen dürfte es kaum geschehen sein. Ich habe diese Festsetzung nie bedauert, sondern bin an die Arbeit gegangen mit dem Entschluß, auch hier wie bei manchem anderen to make the best of it, oder auf deutsch, die Ansprüche an diese Kavallerie-Divisionen so hoch zu stellen wie irgend angängig, und für ihre Ausbildung alles zu tun, was uns die Erfahrung gelehrt hatte und was unsere beschränkten Kräfte uns zu tun erlaubten. Im folgenden seien nun die Gedanken, die mich geleitet haben, kurz dargelegt.

An die Spitze stelle ich den Satz, den ich der Kavallerie gleich im Anfang zugerufen habe: daß der Kavallerist am meisten können und leisten muß von allen Soldaten, weil er neben dem ihm eigenen reiterlichen Können den an die Angehörigen der anderen Waffen gestellten Anforderungen gleichzeitig entsprechen soll. Ein hohes Ziel; aber der Soldatenberuf verlangt Ideale.

In erster Linie galt es, den Waffengeist zu erhalten und, wo es notwendig war, zu wecken. Dieser Waffengeist ist ein besonderes, eigenes Ding. Jede Waffe soll sich für die erste halten. Das ergibt gesunden Wettstreit. Auswüchse sind leicht zu erkennen und müssen von der leitenden Hand rechtzeitig und fürsorglich beschnitten werden; aber man rege sich nicht über jede jugendliche Überheblichkeit auf, gegen welche das Leben selbst und seine täglichen Forderungen meistens das beste Gegenmittel sind. Man bekämpfe das Selbstgefühl der einen Waffe nicht, sondern sorge dafür, daß die anderen den gleichen Stolz haben. Das Pferd adelt nicht den Mann, sondern der Mann adelt Pferd, Waffe und Maschine. Nur die Leistung selbst entscheidet über den Wert.

Eine Waffe muß sich aus sich selbst entwickeln; sie muß sich selbst bilden. In der ersten Zeit des Neuaufbaues haben wir, um die schwere und schmerzliche Verkleinerung des Offizierkorps möglichst gleichmäßig auf alle Waffen zu verteilen, da die Infanterie und Artillerie in viel stärkerem Verhältnis zusammengelegt wurden als die Kavallerie, Offiziere der anderen Waffen in die Reiterregimenter einstellen müssen. Das war eine Not- und vorübergehende Maßregel. Eine gesunde und naturgemäße Entwicklung verlangt, daß sich eine Waffe, wenigstens bis zum Regimentskommandeur einschließlich, unbedingt aus sich selbst ergänzt. Ein Infanterist mag noch so gut zu Pferde sitzen, er mag selbst von Pferden mehr verstehen als mancher Reitersmann, und wird doch kein guter Kavallerie-Regimentskommandeur werden. Immer wird ihm die Lehr- und Ausbildungserfahrung, die eine jahrelange Praxis ergibt, fehlen. Er kann lernen, sein Regiment im Gefecht zu führen, aber nicht, es für das Gefecht auszubilden. Ihm wird das Ansehen und das Vertrauen bei seinen Untergebenen fehlen, und auf das kommt es in Krieg und Frieden an. Es wäre ein Zeichen schlechter Ausbildung, hätte die Kavallerie nicht stets geeignete Anwärter auf freiwerdende Regimentskommandeurstellen bereit. Man hüte sich also vor gelegentlichen Experimenten, die nur von mangelndem Verständnis oder mangelndem Wohlwollen zeugen, wenn sie nicht aus einem Streben nach öder Gleichmacherei der Altersverhältnisse entspringen.

Grundsätzlich sollte die Ausbildung innerhalb einer Waffe bis zum Regimentskommandeur einschließlich den Charakter einer bewußten Einseitigkeit tragen. Das hindert nicht die Notwendigkeit, sich frühzeitig und in mit der Dienststellung steigendem Maße mit dem Wesen und Können der anderen Waffen vertraut zu machen, was durch die gemeinsame Schulgrundlage gewonnen, durch vorübergehende Zuteilung zu den anderen Waffen zu erreichen ist; aber nicht durch schematisches Hin- und Herversetzen. Wer als Infanterist oder Kavallerist angefangen, soll, von durch äußere Umstände erzwungenen Ausnahmen abgesehen, auch als Infanterist oder Kavallerist enden. Erst vom General ist zu verlangen, daß er sich eine Stellung über den Waffen aneignet. Hieraus ergibt sich, daß es zulässig sein kann, besonders hierfür geeigneten Generalen, welche aus anderen Waffen hervorgegangen sind, das Kommando über höhere Kavalleriekörper zu übertragen, weil hier die Führung und die allgemeine taktische Ausbildung vor der eigentlichen Waffenausbildung in den Vordergrund tritt. Die Regel sollte aber sein, daß auch die Kavallerie-Divisionskommandeure aus der Reiterei hervorgegangen sind. Die Spanne zwischen der Stellung des Regiments- und Divisionskommandeurs, die dadurch entsteht, daß uns Kavallerie-Brigadekommandeure nicht zugestanden sind, kann zweckmäßig und nutzbringend durch Zuteilung zu anderen Waffen oder sonstige vorübergehende Verwendung überwunden werden.

Eine selbstverständliche Forderung für die Entwicklung einer Waffe ist, daß sie sich ihren Ersatz selbst aussucht und heranbildet. Dem Regimentskommandeur muß die volle, uneingeschränkte Auswahl seines Offiziernachwuchses überlassen bleiben. Geht er dabei nicht die richtigen Wege, so füllt er seine Stellung auf einem wichtigen Gebiete nicht aus und sollte nicht in seiner Stellung belassen werden. Das erfreulich große Angebot geeigneter Bewerber erlaubt dem Kommandeur, die ihm am allergeeignetsten Erscheinenden herauszusuchen. Bei dieser Auswahl darf er sich nur von dem Interesse der Waffe und im besonderen seines Regiments leiten lassen. Ihm diese Verantwortung von höherer Stelle abzunehmen und damit an Stelle der Bewertung der einzelnen Persönlichkeit andere Rücksichten zu setzen, ist ein Unding und kann nur zur Verschlechterung des Ersatzes führen. Das Gesagte gilt selbstverständlich nicht für die Kavallerie allein, sondern für alle Waffen und entsprechend auch für die Gewinnung des Nachwuchses der Mannschaften.

Wenn wir uns nun den Ausbildungsfragen bei der Kavallerie zuwenden, so wird sich ergeben, daß die Größe der Aufgaben auch besondere Anstrengung in der Ausbildung erfordert, das trifft zunächst auf die Ausbildung der höheren Führer zu. Schon vor dem Krieg war es schwer, diese durch praktische Übung zu erziehen, da die Vereinigung größerer Verbände, mit denen zu üben und an deren Verwendung zu lernen war, sich auf wenige Gelegenheiten beschränkte. Das ist insofern besser geworden, als wir die kostspieligen Reiterschlachten nicht mehr üben wollen; aber andererseits bleibt die Notwendigkeit des möglichst häufigen Zusammenziehens größerer Kavalleriekörper bestehen und hat sich gegen früher mit dem zunehmenden Aktionsradius noch verstärkt. Wenn für die Kampfausbildung die Truppenübungsplätze bei richtigem Wechsel in ihrer Benutzung im allgemeinen genügen, so fordert die Vorbereitung für die operativen Aufgaben die Übung der Kavallerie im freien Gelände, in Verbindung mit den modernen Nachrichtenmitteln, den motorisierten Verbänden und den Fliegern. Die Übung im Kampf, der mit dem der anderen Waffen unmittelbar zusammenhängt, wird durch die Teilnahme der Reiterregimenter an den Manövern der Infanterie-Divisionen erreicht. Die Zuteilung der höheren Offiziere der Kavallerie, auch soweit ihre Truppe nicht unmittelbar beteiligt ist, zu diesen Manövern sowie zu sonstigen Übungen der anderen Waffen und zu besonderen Kursen, geben ihnen weitere Möglichkeit praktischer Ausbildung. Der theoretischen Unterweisung bei in großem Rahmen abgehaltenen Führerreisen und Kriegsspielen, bei sich auf engerem Gebiet bewegenden, besonderen Kavallerieübungsreisen bleibt daneben noch ein reiches Feld der Tätigkeit, das durch Studium der Kriegsgeschichte in eigener Arbeit zu ergänzen ist. Bei diesem Studium möchte ich auf eines hinweisen: gerade für die Kavallerieverwendung bietet die Kriegsgeschichte eine Fülle lehrreicher Beispiele. Es kommt nur darauf an, das Äußere, Wechselnde von dem Bleibenden zu trennen. Die großen Grundsätze der Verwendung bleiben dieselben, auch wenn diese sich veränderten Verhältnissen anpaßt.

Aus allem ist zu lernen, auch aus Fehlern; nur sollen wir unsere Vorgänger nicht für dümmer halten als uns, weil sie unsere Erfahrungen und Erfindungen nicht besaßen. Nicht mehr werfen wir, wie Friedrich am Abend der Schlacht, die klirrenden Schwadronen auf den wankenden Feind; aber rechtzeitig hat der moderne Seydlitz seine wohlgehüteten Reiter mit ihren beweglichen Feuerwaffen in Flanke und Rücken des Feindes vorgeführt, um ihre Wirkung mit der der vordringenden anderen Waffen zur letzten Entscheidung zu vereinen. Die durch Schützen und weittragende Artillerie auf Kraftwagen und durch Flieger verstärkten Kavallerie-Divisionen des neuen Napoleon eilen den bei Jena geschlagenen preußischen Truppen voraus, um ihnen an der Oder das letzte Ende zu bereiten. Aus neuerer Zeit sei auf die Kämpfe zwischen den Nord- und Südstaaten Amerikas, aus neuester auf die Tätigkeit der russischen Kavallerie unter Budjeni und auf die der türkischen gegen die Griechen hingewiesen.

Im allgemeinen werden wir von dem Kavallerieführer, wie übrigens von jedem General, verlangen müssen, daß er sich, mehr als das vor dem Krieg üblich war, bis zum Schluß seiner Laufbahn nicht nur als Lehrer, sondern auch als Lernender fühlt.

Bei der eigentlichen Waffen-, der kavalleristischen Fachausbildung, steht die reiterliche im Vordergrund. Behandlung und Benutzung des Pferdes ist zwar nicht nur Aufgabe der Kavallerie, sondern aller Waffen, spielt aber doch bei ihr eine besondere Rolle. Das Ziel militärischer Reiterei ist nicht nur, den Reiter und mit ihm seine Waffe nach der gewollten Stelle zu bringen, sondern diese Stelle mit denkbarster Sicherheit und Schnelligkeit zugleich unter möglichster Schonung des Pferdes zu erreichen. Hierzu bedarf es gründlicher und sachgemäßer Ausbildung von Reiter und Pferd. Man kann flüchtig ausgebildete Reiter auf halbrohe Pferde setzen und sie zu gewisser militärischer Verwendbarkeit bringen, aber eine Kavallerie ist das nicht. Kavallerie läßt sich nicht improvisieren, und den Anforderungen, die wir an die Reiterwaffe stellen, genügt niemals eine Milizkavallerie.

Für die Reiterei ist neben dem Pferdematerial der Reitlehrer entscheidend. Die Schwierigkeiten, welche sich der Gewinnung geeigneten Lehrermaterials anfänglich bei unserer jungen Kavallerie entgegenstellten, waren große. Sie können heute im wesentlichen als überwunden gelten. Die Fortschritte in der Reitkunst sind erfreuliche und augenscheinliche. Der Wert der Bahndressur – von mancher Seite angezweifelt – ist wieder voll erkannt als das Mittel zur sachgemäßen Durchbildung von Mann und Pferd, ohne dabei zu übersehen, daß sie nicht Selbstzweck, sondern Mittel zum Zweck, dem Geländereiten, ist. Dem Einzelreiten ist erhöhter Wert im Gegensatz zum Abteilungsreiten beigelegt, in der Erkenntnis, daß mehr als früher der einzelne Kavallerist, nicht die geschlossene Abteilung, den Kampfwert ergibt. In diesem Sinne ist die Beteiligung der Kavallerie an den Turnieren zu begrüßen, bei denen Spitzenleistungen im Dressurreiten und Springen angestrebt werden. Hierbei ist daran festzuhalten, daß – wie bei allen Sportarten – nicht diese Spitzenleistungen an sich, sondern die durch ihren Einfluß zu erreichende Hebung des Durchschnittes der Gesamtleistungen von militärischem Wert sind.

Von unmittelbarem Einfluß ist die Pflege des Reitens im Freien, neben dem durch nichts zu ersetzenden Rennreiten, das seiner Eigenart nach immer nur einer kleinen Zahl zugänglich ist, vor allem das Jagdreiten und alle ihm verwandten Arten des Geländereitens. Es ist sehr zu begrüßen, wenn hierzu neben den Offizieren in weitgehendem Maße auch die Unteroffiziere und Mannschaften herangezogen werden. Sehr erwünscht wäre es, wenn es gelänge, auch den Polosport in die Armee einzubürgern. Sein Wert für die Reitausbildung ist unbezweifelbar. Das Hindernis seiner Verbreitung liegt in der Kostenfrage, solange wir für das Ponymaterial vom Auslande abhängig bleiben. Sollte es gelingen, ein für das Polospiel geeignetes Pferd der leichten ostpreußischen Zucht zu entnehmen und würde den Teilnehmern für diesen Sport Material aus den Dienstpferden zur Verfügung gestellt, so wären die noch bestehenden Schwierigkeiten zu überwinden. Es ist gar nicht notwendig, daß solche Militärteams gleich mit den internationalen Spielern in Konkurrenz treten; aber innerhalb der Kavallerie ließe sich dieser nutzbringende Sport wohl entwickeln. Sonst kann der Beteiligung an internationalen Wettkämpfen nur das Wort geredet werden, selbstverständlich unter sachgemäßer Aufsicht und mit dem bei solchen Gelegenheiten so besonders notwendigen Takt. Klar muß man sich nur darüber sein, daß alle diese Sportbeteiligungen der Armee nicht ohne Wohlwollen und Rücksichtnahme, aber auch nicht ohne materielle Unterstützung möglich sind. Es ist durchaus unerwünscht, wenn die Reiter von privater Hilfe abhängig werden, oder wenn das Reiten eine Frage des Geldbeutels wird. Hierzu gehört freilich die Überzeugung, daß der Reitsport kein Privatluxus, sondern ein unentbehrlicher Faktor bei der Ausbildung der Armee ist.

Eine besondere Stellung in der reiterlichen Ausbildung nimmt das Schwimmen der Kavallerie ein, das unter Ausnutzung der vorhandenen Hilfsmittel in einem Grad gefördert werden kann und muß, daß die meisten unserer mitteleuropäischen Ströme kein Hindernis für Kavalleriekörper zu sein brauchen.

Ich kann diesen Abschnitt über die Reitausbildung nicht abschließen, ohne hervorzuheben, daß die deutsche Kavallerie, was sie an reiterlichem Können trotz aller Schwierigkeiten wieder erreicht hat, dem Verständnis, der Arbeit und dem Vorbild ihres ersten Inspekteurs, des Generals der Kavallerie v. Poseck verdankt.

Der Zweck des Reitens ist, die Waffe an den Feind zu tragen. Verläßt der Kavallerist sein Pferd, so wird er zum Infanteristen, und wir werden ihm kaum eine an diesen zu stellende Aufgabe schenken können, weder was die Verwendung der Waffen noch was die Ausnutzung des Geländes anbetrifft, nur daß bei dem Reitergefecht die Entwicklung schneller gehen muß und zu vorbereitenden Maßnahmen weniger Zeit bleibt. Diese Forderung berührt mehr den Führer als den Mann. Ausschlaggebend bleibt die sorgfältige Ausbildung mit dem Karabiner und l. MG. und das Zusammenarbeiten mit den schweren Waffen, die der Kampf der Kavallerie so wenig entbehren kann wie der der Infanterie. Das s. MG. spielt sogar im Reiterkampf eine hervorragende Rolle.

Eine Sonderheit bietet der Feuerkampf der Kavallerie: bei ihrem Einsatz ist von vornherein damit zu rechnen, daß der Kampf nach Erreichung seines Zweckes abgebrochen und an anderer Stelle wieder aufgenommen werden muß. Selten wird der Angriff der Kavallerie bis zum letzten Ende in stundenlangem Ringen wie bei der Infanterie durchgeführt werden; das erlaubt größere Breite auf Kosten der Tiefengliederung. Der Übergang von der Bewegung zu Pferde zur Entwicklung zu Fuß ist von entscheidender Bedeutung. Grundsätzlich muß es heißen: so nahe zu Pferde an den Feind heran, als es Lage und Gelände irgend zuläßt, andererseits nicht so nahe, daß die ruhige Entwicklung zu Fuß in Frage gestellt wird. Die Aufstellung der Handpferde ist von der größten Wichtigkeit; sie dürfen nicht gefährdet sein, weil mit ihrem Verlust die Kavallerie ihre Waffe der Beweglichkeit verliert; sie dürfen aber nicht so weit zurückgehalten werden, daß durch ihr Wiedererreichen unnötige Zeit verloren geht.

Bei Friedensübungen ist auf diese Aufstellung der Handpferde und der Gefechtsfahrzeuge mit besonderer Strenge zu halten, weil hier das feindliche Feuer nicht drastisch der Bequemlichkeit entgegenwirkt. Namentlich erfordert es viel Energie und Phantasie bei fehlenden Fliegern, doch die Rücksicht auf ihren möglichen Angriff durchzusetzen.

Zur Zeit und gelegentlich mag es sich noch empfehlen, für die Einzelausbildung zum und im Feuergefecht infanteristische Unterstützung heranzuziehen; doch muß die Kavallerie anstreben, auch auf diesem Gebiet völlig selbständig zu werden.

Die Verbindung von Kavallerie und leichter Artillerie ist uns eine alte Gewohnheit. Über sie wäre viel zu sagen, was hier zu weit führte. Es sei darauf hingewiesen, daß schweres Flachfeuer die Aufgaben der Kavallerie-Divisionen ebenso wirksam unterstützt wie manche dieser Aufgaben ohne mittleres und schweres Steilfeuer nicht mit der erwünschten Schnelligkeit zu lösen ist. Die Vertrautheit mit diesen Waffen, ihrer Beweglichkeit, Verwendung und Wirkung, wird daher dem Kavalleristen zur Pflicht.

Die Pionierausbildung – im Pionierdienst ausgebildete Teile der Kavallerie und besondere Pionier-Abteilungen – muß wesentlich unter den Gesichtspunkt der Erhaltung und Sicherung der Beweglichkeit gestellt werden, also sich in erster Linie auf Überwindung von Hindernissen, Wasserläufen und auf Herstellung und Ausbesserung von Wegen, namentlich für die folgenden motorisierten Verbände, erstrecken. Die alte Übung in der Vornahme von Sprengungen darf nicht verlorengehen.

Einer der wichtigsten Ausbildungszweige der Kavallerie ist der im Nachrichtendienst. Wenn wir aus dem Krieg mit ganz neuen Erfahrungen auf diesem Gebiet herauskamen, seitdem in der Entwicklung wiederum große Fortschritte gemacht haben, so stehen wir vor den größten Zukunftsmöglichkeiten, die nicht zum wenigsten der Kavallerie zugute kommen werden. Grund genug für den Kavalleristen, sich eingehend mit allen Formen des Nachrichtenwesens zu beschäftigen. Die technische Ausbildung in diesem Dienst kann, personell und sachlich, nicht weit genug gehen. Für den Einsatz der Nachrichtenmittel bedarf es vom Regiment ab einer Zentralstelle, bei der alle Fäden zusammen-, von der alle auslaufen; nur auf diese Weise ist das notwendige Zusammenarbeiten und die sparsame Verwendung aller Organe, der menschlichen und technischen, der Patrouillen, der Flieger, von Telegraph, Telephon und Funkdienst gewährleistet. Mit seinem Nachrichtenkommando arbeitet der Führer nicht weniger eng zusammen als mit dem Artillerieführer. Zur Ausbildung dienen Nachrichtenübungen in kleinerem oder größerem Rahmen, denen sorgfältige Einzelschulung des Personals vorausgehen muß, und Übungen auf der Karte.

Die von der deutschen Kavallerie ja leider nur theoretisch zu übende Verbindung der Luftaufklärung mit der zu Pferde bedarf der Kenntnis der Eigenheiten wie der Leistungsfähigkeit der Flugwaffe, um ihr die zweckentsprechenden Aufgaben stellen zu können. Dies ergibt für die höheren Kavallerie-Führer wieder ein neues, wichtiges Arbeitsgebiet. Die Verbindung beider Aufklärungsmittel wird zeigen, wie sie sich ergänzen, wie die Grenzen ihrer Tätigkeit sich berühren und auch wohl überschneiden, wie aber die eine Waffe die andere nicht ersetzt.

Wir leben in einer Zeit der Verbreitung des Motorfahrzeugs auch in der militärischen Organisation. Die Frage der Motorisierung von Truppen soll und kann hier nicht eingehend erörtert werden. Da aber die Motorisierung wesentlich der Steigerung der Beweglichkeit dient, so berührt sie die Kavallerie in erster Linie. Das Bestreben, die schweren Waffen den Reitern im gleichen Tempo folgen zu lassen, ist stets von großer Bedeutung gewesen und gewinnt neue, wenn wir einerseits die Feuerkraft, andererseits die Selbständigkeit der Kavallerie erhöhen wollen. Es ist deshalb für sie von größtem Wert, durch theoretisches Studium und praktische Versuche festzustellen, wie weit wir zur Zeit in der Lage sind, diese Verstärkungen auf Kraftzug zu verweisen, was wir von der Leistungsfähigkeit solcher Verbände erwarten können, wie sie zu verwenden und wie vor allem ihre Tätigkeit mit der der Reiter in Verbindung zu bringen ist. Kenntnis von Kraftfahrwesen und vom Motor wird somit wieder eine neue Seite kavalleristischer Ausbildung.

Ich kann diese kurzen Gedanken über die Ausbildung nicht schließen, ohne zu betonen, wie grundlegend für sie die eigentliche Erziehung der Truppe ist, das was wir den inneren Dienst im weitesten Sinne nennen. Die Charakterbildung des einzelnen Mannes, seine innere geistige Förderung, Erziehung der Unteroffizierkorps, Leitung des Offizierkorps, das alles sind Fragen, die keine kavalleristische Eigenart aufweisen. Die Fürsorge für den Mann während und nach seiner Dienstzeit ist eine Forderung, allen Waffen gemeinsam. Wenn ich diese Seite des Dienstes hier erwähne, so geschieht das, um davor zu warnen, bei der Fülle der Ausbildungszweige und in dem vielfältigen Tagesdienst Erziehung und Fürsorge zu kurz kommen zu lassen. Mit vollem Recht und unter dem Druck der Verantwortung steht bei dem Kavalleristen die Sorge für das Pferd mit in vorderer Linie; ist es doch nicht nur ein wertvolles, ihm anvertrautes Material, sondern vor allem die Waffe, die scharf zu erhalten des Soldaten Ehrenpflicht ist. Der viel geschmähte Stalldienst gewinnt unter diesem Gesichtspunkt idealen Wert. Eine Freude ist es, durch die hellen, sauberen, luftigen Ställe zu gehen, in denen die wohlgenährten glänzenden Tiere stehen; aber an der anderen Seite des Kasernenhofes sollen uns dann wohnliche und behagliche Stuben, heitere Kameradschaftsheime grüßen, in denen sich der Mann nach seinem harten Dienst wohlfühlt. Die schweren und vielfachen Ausbildungsziele sind nur zu erreichen, wenn es gelingt, den einzelnen Mann zu freudiger Mitarbeit zu erziehen; im Unteroffizierkorps muß sich der Vorgesetzte auf allen Gebieten, und namentlich auf dem reiterlichen, tätige und verständnisvolle Helfer heranbilden. Nie aber darf sich der Offizier die Zügel aus der Hand nehmen lassen; er ist und bleibt der Lehrer, der Führer, das Vorbild.

Ein besonderes Problem ist die Zusammensetzung der größeren Kavalleriekörper. Es ist daran gedacht worden, als Grundlage die Brigade mit Hilfswaffen zu wählen und durch Zusammenfügung mehrerer die Kavallerie-Divisionen und Korps zu bilden. Ich glaube, daß die Gefechtskraft einer verstärkten Brigade zu gering ist, um die meisten Aufgaben, welche der Kavallerie zufallen, zu lösen, und daß man daher besser tut, eine Formation als Norm zu wählen, welche in sich die genügende Gefechtskraft für die Lösung dieser Aufgaben besitzt. Ferner ist es erwünscht, daß diese Kampfeinheit gleichzeitig eine selbständige Friedensformation ist, wie es bei der Infanterie der Fall. Wir kommen damit zu der Kavallerie-Division, die sich in drei Brigaden zu je zwei Regimentern gliedert. Die Dreiteilung kommt dem Wunsche nach möglichster Biegsamkeit entgegen. Und die verstärkte Brigade zu zwei Regimentern wird befähigt, die meisten der ihr im Rahmen der Division zufallenden Aufgaben zu lösen. Die Zahl der Regimenter überschreitet nicht die Kräfte des Divisionskommandeurs bei Ausbildung und Beaufsichtigung. Fügen wir den Regimentern die organisch zu ihnen gehörenden schweren Waffen, der Division die drei leichten Feldbatterien, Pionier- und Nachrichtenabteilungen bei, so ist unter Zurechnung der Kolonnen ihre Grundformation gegeben. In dieser Zusammensetzung sollte die Kavallerie-Division auch im Frieden bestehen; aber sie genügt für die meisten Kriegsaufgaben der Divisionen nicht. Die hierfür erforderlichen Verstärkungen müssen der Division von Fall zu Fall, also nach der Art der ihr gestellten Aufgabe, zugewiesen werden. Diese sind so im Wesen verschieden, so mannigfaltig, daß auch die Zuteilung von Infanterie-, Artillerie-, Pionier-, Flieger- und Kolonnenverstärkung ganz offen bleiben und den Umständen entsprechend erfolgen muß. Ich halte es für fehlerhaft, sich über das angegebene Maß hinaus auf eine verstärkte Normal-Kavallerie-Division festzulegen; das wäre ein Zeichen geringer geistiger Beweglichkeit, und die Folge konnte sein, daß die Normal-Division für die ihr zufallende Aufgabe gerade ungenügend oder falsch organisiert wäre.

Dieser Gedanke führt uns nun von selbst zu einer kurzen Skizzierung der wichtigsten Aufgaben, die der Kavallerie gestellt werden können, um an ihnen zu prüfen, ob unsere Ausbildung die richtigen Wege gegangen ist.

Der Beginn der Feindseligkeiten weist der in ihrer Formation fertigen und der Mobilmachungsergänzung kaum bedürfenden Kavallerie die Deckung des Aufmarsches und den Schutz der Grenze zu. Diese Aufgabe kann defensiv und offensiv gelöst werden. Bei dem Entschluß zu ersterem Verhalten entstehen breite, leichtbesetzte Fronten mit gut ausgestaltetem Nachrichtennetz unter Anlehnung an natürliche und Schaffung von künstlichen Hindernissen, z. B. Überschwemmungen bei Zurückhaltung starker, beweglicher Reserven. Die Fernaufklärung zur Feststellung des feindlichen Auf-

marsches übernehmen die Flieger. Die Kavallerie-Division wird zur
Lösung dieser Aufgabe der Zuteilung von Infanterie (Grenzschutz-
formationen) bedürfen.

Soll die Aufgabe offensiv gelöst werden, um die Deckung vorzu-
verlegen, so wird der feindliche Grenzschutz durchbrochen werden
müssen. Das erfordert Zusammenhalten und möglichst überraschenden Einsatz der Kräfte, Stärkung der Kampfkraft der Division,
namentlich durch Artillerie und Nachführung von Infanterie zur
Behauptung der gewonnenen Stellung. Gelingt es, sich freie Bahn
zu schaffen, so setzt die Erdaufklärung zur Ergänzung der Luft-
Fernaufklärung an. Der Kavallerie fällt dabei auch die Beschaffung
von Nachrichtenmaterial aus Aussagen von Landeseinwohnern,
Einbringen von Gefangenen, Abhören von Ferngesprächen, auch
die Störung feindlicher Verbindungen zu.

Der Krieg kann auch durch größere und selbständige Kavallerie-
unternehmungen eröffnet werden, wenn die hierzu bestimmten
Formationen operationsbereit sind, ehe die Masse der Heere in Tätigkeit treten kann. Der Zweck solcher Unternehmungen kann die
nachhaltige Störung der feindlichen Mobilmachung und des Aufmarsches durch Gefechtshandlungen oder Zerstörungen sein; sie
können auch politisch-militärischen Zwecken dienen. Für solche
Unternehmungen bedarf die Kavallerie-Division wesentlicher und
den Besonderheiten der Aufgaben entsprechender Verstärkung.
Durch diese darf aber die Beweglichkeit nicht leiden; denn gerade
in ihr liegt die Stärke einer solchen Unternehmung. Bei so weitreichenden Aufgaben bedarf die Kavallerie infanteristischer Unterstützung, weil sonst ihre Feuerkraft zu schnell sinken würde. Der
Schutz der Unterkünfte und der Verbindungen verlangt dauernd
Kräfte, welche der Kavallerie nicht entnommen werden dürfen,
ohne sie übermäßig zu schwächen. Diese infanteristische Unterstützung muß durch Kraftwagenzug beweglich gemacht und erhalten
werden; sonst wird sie zum Ballast. Die wechselnden Gefechtsauf-
gaben der Division verlangen für ihre Durchführung beweglicher
und gleichzeitig wirkungsvoller Artillerie; hier ist vor allem schweres Flachfeuer von Wert. Es erlaubt die Gefechtseröffnung auf große
Entfernung und zwingt den Feind zu Gegenmaßnahmen, die erst
wirksam werden, wenn der bewegliche Angreifer sich unter dem
Schutz seiner Artillerie überlegener Abwehr entzogen hat. Oft kann

das Heranbringen der weittragenden Artillerie an wichtige Ziele wie Bahnknotenpunkte schon Selbstzweck werden, die anderen Waffen übernehmen dann nur die Rolle der Artilleriedeckung; oft wird es des entschlossenen und schnellen Einsatzes der gesamten Gefechtskraft und der Durchführung des Kampfes bedürfen, um das gesteckte Ziel zu erreichen. Daß bei solchen weitreichenden und sich von der Ausgangsbasis weit entfernenden Unternehmungen die Nachrichtenverbindung, namentlich die Funkenverbindung, eine wichtige Rolle spielt, ist klar. Von ganz besonderer Bedeutung ist die Zusammenarbeit mit den Fliegern, von denen die geeigneten Formationen der Kavallerie-Division unterstellt werden müssen. Durch die von ihnen gelieferten Nachrichten gewinnt die Kavallerie wesentlich an Freiheit und Sicherheit bei der Wahl ihrer Operationsziele. Die enge Verbindung mit der Ausgangsstelle, der Heimat oder der eigenen Armee, wird bald, oft schon am ersten oder zweiten Tag, unterbrochen werden. Das bedingt eine große Selbständigkeit in allen Fragen der Kräfteergänzung, also eine starke Zuteilung beweglicher Kolonnen zur Nachführung von Munition, Hafer und Betriebsstoffen. Wie stark diese Zuteilung sein muß, ist erst mit der zu stellenden Aufgabe zu entscheiden, wie überhaupt eine schematische Zuteilung von Kolonnen den Fehler hat, in den meisten Fällen unzweckmäßig zu sein, das gerade Benötigte nicht, das Überflüssige in Menge zu führen. Die größte Schwierigkeit wird die Mitführung ausreichender Artilleriemunition bilden, und ihr Bedarf kann der Unternehmung unerwünschte Grenzen ziehen; vielleicht kann man mit Transportflugzeugen helfen; Hafer und Betriebsstoffe lassen sich in beschränktem, selten genügendem Maße aus dem Lande aufbringen. An die Anlage einer neuen Nachschubbasis muß gedacht werden, wenn die Verbindung mit der Ausgangsstelle ganz abreißt. Von dieser aus muß andererseits angestrebt werden, die Nachschub-Verbindung mit der vorgetriebenen Kavallerie aufrechtzuerhalten oder aufzunehmen. Die Kolonnen müssen bei diesen Unternehmungen ausreichend bewaffnet sein; es genügt nicht, die Ausstattung des Fahr- und Begleitpersonals mit Karabinern und l. MG., sondern es müssen geschlossene, kampfkräftige Deckungstruppen mit der gleichen Beförderungsart wie die Kolonnen selbst zugeteilt werden.

Die im vorstehenden kurz geschilderte Tätigkeit der Kavallerie kann nicht nur zu Beginn eines Krieges, sondern auch während desselben auf besonderen, von der Hauptentscheidung nicht unmittelbar berührten Teilen des Kriegsschauplatzes in wirksame Erscheinung treten.

In unmittelbarer Verbindung mit den Armeen fällt den Kavallerie-Divisionen zunächst die Aufgabe der Ergänzung und Verdichtung der von den Fliegern geleisteten Aufklärung zu. Hierzu ist bei der eingehenden Schulung unserer Kavallerie für diesen Dienst Neues kaum zu sagen. Es sei nur auf die Notwendigkeit hingewiesen, bei Annäherung der beiderseitigen Heeresfronten die zwischen ihnen befindlichen Kavalleriekörper rechtzeitig herauszuziehen.

In diesem Stadium des Kampfes kann für die Kavallerie-Divisionen eine gewisse Tätigkeitspause eintreten. Diese wird, wenn die Division von anstrengenden Sonderunternehmen und Aufklärungsaufgaben zurückkehrt, zur Wiederherstellung der Gefechtskraft dringend notwendig sein. Die ihr für ihre bisherigen Aufgaben zugewiesenen Kräfte werden ihr genommen und an anderer Stelle eingesetzt. Entweder wird die Division hinter die Front zurückgezogen oder nach einem freien Flügel geschoben, wo sie, auch ohne die notwendige Ruhe wesentlich zu beeinträchtigen, die Deckung der Flanke durch sichernde Aufklärung übernehmen kann.

Bei der sich nähernden Entscheidung kann die Kavallerie das Kräfteverhältnis wesentlich zu eigenen Gunsten dadurch beeinflussen, daß sie feindliche Kräfte auf sich und von der Front abzieht. Gelingt es ihr, gegen den feindlichen Anmarsch von der Flanke her einzuwirken, so kann sie bei mehrfacher Wiederholung solcher Einwirkung beträchtliche Teile zur Abwehr und Sicherung auf sich lenken, besonders wenn der Feind hierfür keine Kavallerie zur Verfügung hat und so gezwungen ist, Infanterie einzusetzen, bei der Zeit- und Kräfteverlust ins Gewicht fällt. Hieraus ergibt sich auch, wie erwünscht es ist, den eigenen Vormarsch in der offenen Flanke von Kavallerie decken begleiten zu lassen. Zu solchen Flankeneinwirkungen wird die Kavallerie weniger der Verstärkung an Infanterie bedürfen, als aus Zuteilung weitreichender Artillerie Nutzen ziehen. Diese Aufgabe entspricht recht eigentlich dem Wesen der

Kavallerie, indem schnelles Erreichen der günstigen Angriffsstelle, überraschender Einsatz der Kräfte, schnelles Verschwinden nach erreichtem Erfolge, Wiederauftauchen zu neuem Einsatz charakteristische Merkmale dieser Kampfweise sind.

Bei der Schlachtentscheidung selbst sucht die Kavallerie von einer Stelle mitzuwirken, die zu erreichen ihr ihre Beweglichkeit erlaubt und von welcher aus sie, dem Feind besonders empfindlich, einwirken kann; das wird Flanke und, wenn möglich, der Rücken des Feindes sein. Hier winken vor allem weit zurückstehende feindliche Artillerie, Kommando- und Nachrichtenstellen als lohnende Ziele. Wesentlich ist in dieser Lage die enge Verbindung mit der obersten Führung, wodurch das Heranhalten an die Entscheidung ermöglicht wird. Beweglichkeit und Artilleriewirkung bleiben auch hier die entscheidenden Faktoren. Verbindung mit Tankabteilungen kann vorteilhaft sein.

Erst die gefallene Entscheidung gibt der Kavallerie wieder größere Freiheit und weist ihr bei der Verfolgung neue Aufgaben zu. Die Erfolge wird sie der Umsicht der Führung, ihrer Beweglichkeit und Feuerkraft verdanken.

Damit sei es genug der Beispiele für die Verwendung der Kavallerie. Mir lag nur daran, den Beweis zu führen, daß die Tage neuzeitlich ausgebildeter, ausgerüsteter und geführter Reiterei nicht gezählt sind und daß sie noch immer zuversichtlich die Fähnlein ihrer Lanzen im Wind der Zukunft flattern lassen darf.

Der Chef des Generalstabes

Ich spreche nur von dem Chef des Generalstabs im Kriege, in seiner Stellung und Tätigkeit als Gehilfe des Feldherrn.

Die persönliche Erfahrung, die ich für die folgenden Darlegungen habe, möge kurz dargelegt sein. Ich bin im Anfang des Krieges Chef d. G. eines preußischen Korps gewesen und wurde dann Chef d. G. einer aus deutschen und österreichisch-ungarischen Truppen zusammengesetzten Armee, dann einer ebenso zusammengesetzten Heeresfront, dann an anderer Stelle einer Heeresfront, die aus deutschen, österreichisch-ungarischen und bulgarischen Armeen gebildet wurde, dann Chef einer österreichisch-ungarischen Armee, einer österreichisch-ungarischen Heeresfront und endlich Chef d. G. des türkischen Feldheeres. Mit der deutschen, österreichisch-ungarischen, bulgarischen und türkischen Obersten Heeresleitung habe ich zu tun gehabt und ebenso mit den Armeen, Korps und Divisionen aller vier Nationen und mit ihren Chefs d. G.

Trotz aller Erfahrungen muß ich gestehen, daß es mir schwer fällt, den Begriff des Chefs d. G. ganz klar zu umreißen, und doch möchte ich gern, da über die Tätigkeit dieser einflußreichen militärischen Stelle vielfach Unklarheit herrscht, dazu beitragen, daß die Rolle, die ihr zufällt, nicht über-, aber auch nicht unterschätzt wird; ich möchte aus Erlebnissen Schlüsse ziehen, nicht sie schildern.

In der Verlegenheit, eine kurze und klare Definierung des Begriffs Chef d. G. zu geben, kommt mir eine kleine Erinnerung. Mein Ober-Quartiermeister, der so oft genannte und viel verkannte, unglückliche und doch so ausgezeichnete Oberst Hentsch, wurde einmal von einem der vielen Amateur-Besucher des Hauptquartiers gefragt: »Was ist eigentlich ein Ober-Quartiermeister? Und Hentsch entgegnete in seiner trockenen, sarkastischen Art: »Der O.Q. tut alles das, was der Chef nicht kann oder nicht mag.« Setzen wir statt O.Q. Chef und statt Chef Oberbefehlshaber, so kommen wir der Frage schon näher, doch noch durchaus nicht auf den Grund. Wir werden etwas tiefer graben und etwas methodischer vorgehen müssen, um uns klar zu werden.

Der Chef ist nach unseren heutigen Ansichten der dem Feldherrn beigegebene Berater und Gehilfe, der an seinen Aufgaben vollen und verantwortlichen Anteil hat.

Einen solchen Chef hat es durchaus nicht immer gegeben. Vielleicht war Odysseus eine Art von Chef d. G. im griechischen Heer; aber von einem Chef bei Alexander, bei Hannibal, bei Cäsar, bei allen den großen Führern späterer Zeit bis nahe an unsere Tage meldet »kein Lied, kein Heldenbuch« und weder Marlborough noch der Prinz Eugen teilen den Ruhm mit einem Gehilfen. Gustav Adolf und Karl XII. brauchen noch keine Oberste Heeresleitung unter, neben oder über sich, und König Friedrich lenkt selbst vom Dach des Herrenhauses von Roßbach oder aus dem Sattel am Tage von Leuthen seine Regimenter zur Schlacht. Zweifellos sind bei allen diesen und den anderen ungezählten siegreichen Führern nicht immer die Entschlüsse dem eigenen Geist wie Pallas dem Jupiterhaupt entsprungen. Als kluge Männer werden sie auf den Rat erfahrener Kriegsleute gehört und Einzelheiten der Ausführung Gehilfen zugewiesen haben; aber davon, daß maßgebend neben ihnen ein anderer Mann gestanden hätte, davon meldet die Kriegsgeschichte nichts oder verbirgt den Namen eines Beraters in aktenmäßiger Anonymität. Der Generalstab »steckte das Lager ab«, zog Verschanzungen, erkundete Gelände, verhörte Überläufer, ordnete Mehl- und Brotnachfuhr, alles wichtige und notwendige Dinge, doch die Leitung der Operation lag beim Feldherrn selbst. Napoleon hatte keinen Chef d. G. des Feldheeres. Berthier war nie mehr als der Bureauchef des Großen. Bei seinen Gegnern bleibt Wellingtons Führerruf ungeteilt, und aus dem gewiß zahlreichen Generalstab des Fürsten Schwarzenberg klingt kein Name durch die Geschichte. Zum erstenmal tritt in der preußischen Armee die Verbindung zwischen Feldherrn und Chef in dem Zusammenklang Blücher–Gneisenau in vorbildlicher Weise in Erscheinung.

In der folgenden langen europäischen Friedenszeit entwickelte sich der Generalstab selbst erst sehr langsam und unter verschiedenen Formen. So sagte mir im Jahre 1908 noch Lord Kitchener: »Einen Generalstab in Ihrem Sinn haben wir in England gar nicht; ich bin dabei, ihn für die anglo-indische Armee nach Ihrem Muster zu schaffen.« Aber auch bei uns, in Preußen, dem Musterland gründlicher und methodischer militärischer Organisationsarbeit, ging die

Entwicklung des Generalstabes nur Schritt für Schritt und gegen mannigfaltige Widerstände vor sich. Damit hing die Stellung des Chefs d. G. unmittelbar zusammen. Bekannt ist, wie schwer des älteren Moltkes Autorität als Chef d. G. der Armee sich gegen die Armeeführer durchsetzte, bis ihm die eigene Persönlichkeit, der Erfolg und das Vertrauen seines Kriegsherrn den ihm zukommenden Einfluß sicherte. Eine Geschichte des Generalstabes, die die Entwicklung von seinen Anfängen bis auf unsere Tage, geschöpft aus allen Kriegsarchiven, schilderte, wäre von großem nicht nur militärischem, sondern mehr noch menschlichem Interesse, sie würde eine Geschichte stiller, sachlicher Arbeit sein, sie würde von Überhebung und stolzer Bescheidung, von Eitelkeit und Neid, von allen menschlichen Fehlern, vom Kampf zwischen Genie und Bureaukratie, über die tiefsten Gründe zu Sieg und Niederlage erzählen, sie würde manchen Nimbus erblassen lassen und würde der Tragik nicht entbehren. Diese Geschichte wird nicht geschrieben werden und bleibt besser ungeschrieben; Generalstabsoffiziere haben keinen Namen. –

Daß sich die Generalstäbe und damit auch die Stellung des Chefs d. G. in den verschiedenen Armeen verschieden entwickelt hatten, war natürlich. Ich muß an Mangel an Kenntnis über dieses aus später noch darzulegenden Gründen sehr schwierige Thema, des Einflusses des Chefs auf die Operationen, darauf verzichten, mich über die Verhältnisse bei unseren Kriegsgegnern auszusprechen. Bei den österreichisch-ungarischen Verbündeten waren zweifellos der Betätigung des Generalstabes und damit auch des Chefs zu schematisch-enge Grenzen gezogen, sehr zum Schaden der Sache, denn der aus Conrad v. Hötzendorfs Schule hervorgegangene Generalstab überragte an militärischem Wert zweifellos den der Generalität. In Bulgarien bestand ein in unserem Sinn geschulter und organisierter Generalstab aus begreiflichen Gründen noch nicht. Dafür gab es unter den Führern selbst eine Zahl erfahrener, energischer Persönlichkeiten, die sich, auch in Einzelheiten, nicht gern dreinreden ließen. So kam es, daß vom Chef d. G. nicht viel die Rede war. Nur an der obersten Stelle stand im Anfang unserer gemeinsamen Arbeit neben dem ausgezeichneten Oberbefehlshaber, dem General Jekow, ein Generalstabschef mit wenig durchsichtiger Befehlsgewalt, was die Tätigkeit etwas erschwerte, bis sein plötzlicher Tod diese Schwierigkeit wegräumte. Ich kann nicht unerwähnt lassen, daß das Zusammenarbeiten mit der bulgarischen Obersten Heeresleitung und allen bulgarischen Stäben, nicht am wenigsten meine Beziehungen zu dem überragend klugen bulgarischen Obersten Kriegsherrn mit zu den befriedigendsten Erinnerungen aus meiner Chefzeit gehören.

In der Türkei hatte sich, wie dies in meinem wie meines deutschen Vorgängers dienstlichen Verhältnis zum Generalissimus Enver Pascha schon hervortrat, die Verbindung eines türkischen Oberbefehlshabers mit einem deutschen Chef d. G. durchgesetzt.

Wie die Stellung des Chefs d. G. zeitlich und örtlich eine verschiedene Entwicklung durchmachte, bis sie zu ihrer heutigen Geltung gelangte, so ist sie naturgemäß auch ihrem Grad nach verschieden. Zwischen der Stellung des Chefs d. G. bei dem Höchstkommandierenden und dem einer Division liegt die ganze Skala der militärischen Tonleiter, die von der obersten Kriegführung bis zum Einsatz der Truppe zum Gefecht führt. Die Grundbegriffe bleiben die gleichen, gleichviel ob der Name des Chefs unter einem Befehl steht, der anhebt: »Seine Majestät befehlen, daß usw.«, oder unter einem, der eine Gefechtslinie um 500 m zurücknimmt.

Es kommt auf die Beantwortung der Frage an: wer befiehlt? wer kann befehlen? wer darf befehlen? Jede Befehlsgewalt stammt letzten Endes aus Gott und eigener Kraft. Sprechen wir nicht theologisch, sondern militärisch, so können wir uns darüber verständigen, daß jede Befehlsgewalt Dei gratia ist, also einer im Übernatürlichen liegenden Über- und Unterordnung entstammt, gleichviel ob die Erscheinungsform monarchischen oder demokratischen Ursprungs ist. Die Berufung zum Befehlen senkt sich, jedenfalls im militärischen Leben, auf eine bestimmte Persönlichkeit, den Feldherrn. Wird er dieser Weihe würdig und gewachsen sein? Das ist die Frage, deren Beantwortung zu der Einrichtung eines Chefs d. G. führt, auf den uns schon die vorausgehende kurze historische Schilderung hinwies. Der König, der es nur ist, weil er Heerführer, der König, den Samuels Salböl zum Feldherrn weihte, brauchte keinen Chef d. G.; manch anderer König schickte seinen General aus, um ihm Schlachten und Länder zu gewinnen, und wie er taten es wohl regierte Staatswesen wie Karthago, Rom bis zum Frankreich und

England unserer Tage. Wenn aber in Geschichte, in Tradition begründete, aus politischen Notwendigkeiten erwachsene Anschauungen den Träger der Krone auch an die Spitze seines Heeres riefen, wenn monarchische Rücksichten wenigstens an seine Stelle einen Vertreter des Herrscherhauses und an die Spitze seiner Armeen Mitglieder der Fürstenhäuser stellen ließen, so ergab sich die Notwendigkeit starker Stützen dieser durch die Geburt berufenen Feldherren von selbst. Das erklärt die Erscheinung überragender Persönlichkeiten an der Seite fürstlicher Heerführer, ohne daß es erforderlich wäre, Beispiele aus den letzten Kriegen für diese Entwicklung anzuführen. Die Einordnung und selbst Unterordnung durch ihre Geburt berufener Heerführer gegenüber dem als überlegen erkannten Können ihrer Berater steht auf einem besonderen Ruhmesblatt der entsagungsreichen Geschichte militärischer Führung.

Wir kommen nun der Lösung des Problems schon näher; denn die Stellung des Feldherrn zum Chef ist das Entscheidende. Wer befiehlt? fragen wir aufs neue und antworten: Einer. Daraus ergibt sich das von Friedrich dem Großen so oft wiederholte Verbot an seine Generale, einen Kriegsrat abzuhalten, in dem, wie er sagt, die Timiden immer die Oberhand haben – es können aber auch verantwortungslose Draufgänger sein, wie ja bei jedem »Rat« die Verantwortlichkeit des einzelnen Ratsherrn für den Entschluß sich in meist erwünschter Weise verringert. Hieraus folgt, daß der Führer verantwortlich selbst befiehlt und daß er nur den Rat eines Mannes zu hören hat, der ihm beigegeben ist, seines Chefs. Unter vier Augen wird der Entschluß gefaßt, und wenn die beiden Männer heraustreten, so ist es eben ein Entschluß. Sie haben ihn zusammen gefaßt; sie sind beide eins. Gingen die Meinungen auseinander, so wissen am Abend dieses glücklichen militärischen Ehelebenstages die beiden Hälften selbst nicht mehr, wer nachgegeben hat. Die Außenwelt und die Kriegsgeschichte erfährt von einem Ehezwist nichts. In dieser Verschmelzung der beiden Persönlichkeiten liegt die Sicherheit der Befehlsführung. Ob unter dem Befehl der Name des Führers steht, ob der Chef nach unserer alten Sitte »Von Seiten des Oberkommandos usw.« zeichnet, ist ganz dasselbe; immer befiehlt der Führer durch den Chef, und dessen Befehl haben sich auch die älteren Unterführer widerstandslos zu beugen, weil er immer nur im Namen des Befehlshabers befehlen kann. Es gibt keine Berufung gegen einen vom Chef ergehenden Befehl beim Führer; ein solcher wäre unzulässiger Widerspruch. Was der Chef befehlen kann ohne Wissen seines Befehlshabers, ist eine Frage, die lediglich zwischen ihnen beiden liegt und die von keinem Außenstehenden zu beurteilen ist. Wenn der Chef selbständig befiehlt, muß er wissen, daß er im Sinn seines Führers handelt, und dieser muß sich, wenn er den Chef befehlen läßt, sicher sein, daß in seinem Sinn gehandelt wird. Das Verhältnis zwischen beiden Persönlichkeiten ist demnach rein auf Vertrauen aufgebaut; wenn dieses fehlt, sollte die Verbindung sofort gelöst werden. Ein solches Verhältnis läßt sich nicht reglementarisieren; es wird und muß nach der Lage und nach den Persönlichkeiten stets verschieden sein. Daß hiernach die Vereinigung der Persönlichkeiten von ausschlaggebendem Wert für das Gelingen ist, ergibt sich von selbst. So können hervorragende Führereigenschaften eines Feldherrn erst durch Beigabe des richtigen Chefs zur vollen Entfaltung gebracht, Schwächen durch ihn ausgeglichen werden. Die stärkere Persönlichkeit wird sich, nach außen unmerklich, meist durchsetzen, freilich sich auch wohl im fruchtlosen, stillen Kampf aufreiben. Das sind menschliche, unvermeidliche Schwächen. Wenn man nach einer Rollenverteilung zwischen Führer und Chef sucht, so kann man sie darin finden, daß die Außenwirkung – in steigendem Maße bei den unteren Führerstellen – also die unmittelbare Einwirkung auf die Truppe dem Führer allein vorbehalten bleibt. Ihr gegenüber gibt es nur den einen verehrten und begeisternden Führer; der Chef kann sich schon daneben Vertrauen und Dank der Truppe genug erwerben. Andererseits soll der Führer die Regel beherzigen, daß er das, was er nicht wissen und nicht befehlen *muß,* auch nicht wissen und befehlen *soll,* er soll also dem Chef ruhig die mühevolle Arbeit des Tages überlassen, um sich frei und frisch zu halten für die großen Entscheidungen. Das führt uns nun erneut zu der im militärischen Leben so überaus wichtigen Frage der Verantwortung.

Die Verantwortung nach außen, die formelle nach oben und unten trägt der Führer; ihm fällt der Ruhm des Erfolges zu, und für ihn gibt es kaum etwas Kränkenderes, als wenn aus irgend welchen Rücksichten man für einen Mißerfolg nicht ihn, sondern den Chef verantwortlich macht. Die Verantwortung vor dem eigenen Gewissen teilt der Chef in vollem Ausmaß mit dem Führer. Vor der rettet ihn keine Aktennotiz, daß er mit einem Befehl des Führers nicht einverstanden gewesen sei. Es darf in seinem Bereich nichts Wichtiges gegen seinen Willen befohlen werden. Kann er seiner Auffassung keine Geltung verschaffen –und den eigenen Willen letzten Endes durchzusetzen, ist Recht des Führers – dann muß er auf seine Stellung verzichten und sie einer anderen Persönlichkeit überlassen, die besser mit dem Führer harmoniert. Eine Meinungsverschiedenheit kann durch Verständigung erledigt werden, ein nicht überbrückbarer Gegensatz in einer Hauptfrage zwischen Führer und Chef kann nur die Sache schädigen, weil er weiteres vertrauensvolles Zusammenarbeiten erschwert.

Im Vorstehenden ist versucht, das ideale Verhältnis zwischen Führer und Chef zu entwickeln, ohne sich die Schwierigkeiten zu verbergen, die solchem immer entgegenstehen werden. Die erste liegt in der richtigen Vereinigung der beiden Persönlichkeiten. Gut, wenn gemeinsame Arbeit im Frieden, Bekanntschaft oder Freundschaft eine innere Verbundenheit und Vertrauen herstellten; gefährlich, wenn solche Beziehungen auf gleicher Wesensart, vielleicht gleichen Schwächen beruhten, oder wenn die eine Persönlichkeit ganz im Bann der anderen, stärkeren, aber nicht besseren stand. Ebenso unerwünscht erscheint die Verbindung disharmonischer Charaktere, während gegensätzliche Temperamente wiederum eine gute Mischung ergeben können.

Sehen wir von diesen, nur durch große Einsicht oder durch günstigen Zufall zu behebenden Schwierigkeiten ab, so bleibt als Voraussetzung glücklicher Konstellation nur die durch gleiche Ausbildung und Erziehung zu erreichende Übereinstimmung des militärischen Wissens und Denkens übrig. Das Können läßt sich nicht ausgleichen. Doch auch an dieser Übereinstimmung wird es oft fehlen, wenn zwischen Führer und Chef zu große Altersunterschiede und damit auch Unterschiede in der militärischen Schule liegen. Vielleicht hat es im letzten Krieg an dieser Gleichmäßigkeit des Denkens und der Schulung gefehlt; vielleicht ist in einer Zeit, in der für Ausbildung des Generalstabes viel geschah, für die Weiterbildung der Führer selbst nicht genügend geschehen. Nicht alle Generale waren durch die strenge Schule des Moltke- und Schlieffengeistes gegangen, die im Generalstab auch schwächeren Männern etwas vom Genius der Kriegskunst mitgegeben hatte, und beugten sich im Gefühl geringeren Könnens dem Einfluß des jüngeren Gehilfen.

Das Heilmittel wird in sorgsamster Weiterbildung aller, auch der älteren Offiziere liegen bis an die Grenzen ihres Könnens und damit ihres Anrechts auf Verbleiben in ihrer Stellung. Dann werden wir die beiden großen Bestandteile glücklicher Führung zur rechten Mischung bringen: Erfahrung und Jugend.

Das Wesentliche

Das Wesentliche ist die Tat. Sie hat drei Abschnitte, den aus dem Gedanken geborenen Entschluß, die Vorbereitung der Ausführung oder den Befehl, die Ausführung selbst; in allen drei Stadien der Tat leitet der Wille. Der Wille entspringt dem Charakter, dieser ist für den Handelnden entscheidender als der Geist. Geist ohne Willen ist wertlos, Willen ohne Geist ist gefährlich.

Im folgenden soll versucht werden, die Entwicklung der Tat aus ihren Komponenten in allen drei Stadien zu schildern, wobei von dem als Beispiel des Handelnden gewählten Feldherrn leicht Vergleiche zu anderen zum Handeln berufenen hinüberführen.

Der Handelnde, den wir hier Feldherr nennen, muß zur Erfüllung der Aufgabe, die an ihn herantritt, eine Vorbildung, ein Wissen mitbringen. Gut, aber nicht notwendig ist es, wenn er Zeit gehabt hat, sich im Berufsstudium auf den großen Augenblick seines Lebens, die Tat, vorzubereiten. Der Wert des durch Studium erworbenen Wissens darf nicht überschätzt werden. Vor den eigenen Entschluß gestellt, darf der Handelnde nicht die Enzyklopädie seines Faches im Geiste durchblättern und nicht sich erinnern wollen, wie die Feldherren von Alexander bis Zieten in ähnlichem Fall gehandelt hätten. Wissen, wie z. B. das aus dem Studium der Kriegsgeschichte gewonnene, ist nur dann von lebendigem, praktischem Wert, wenn es verarbeitet, wenn aus der Fülle der Einzelheiten das Bleibende, das Wichtige gewonnen und dem eigenen geistigen Schatz einverleibt ist, und die Gabe dazu hat nicht jeder. Ein verstorbener, allgemein hochgeschätzter und verehrter General, ein Born des Wissens, pflegte, zu einer Äußerung über eine militärische Lage aufgefordert, seine Auseinandersetzung mit den Worten zu beginnen: »In solcher Lage würde Friedrich der Große sagen: usw.«, und dann folgte ein stets treffendes Zitat; aber das beste Zitat, der stets im Geist bereite Parallelfall hilft dem Handelnden nicht über die Schwere des Entschlusses.

Zu dem positiven Wissen, auf das besonders früher großer Wert in der militärischen Welt gelegt wurde, gehörte die Militärgeographie. So führten im preußischen Generalstab einst die ältesten Offiziere den Titel: Chef eines Kriegstheaters. Viele werden sich noch mit Schrecken der sogenannten militär-geographischen Beschreibungen und ihrer mit unendlichem Fleiß zusammengetragenen

Angaben über mögliche Kriegsschauplätze erinnern. Als wir im August 1914 in langsamem Transport zur Grenze fuhren, versammelte uns Offiziere des Generalkommandos der kommandierende General am ersten Morgen in seinem Salonwagen, um uns durch Verlesung der militär-geographischen Beschreibung von Belgien auf die uns bevorstehende Aufgabe vorzubereiten. Nach kurzer Zeit waren ich, der Chef, und mein getreuer erster Mitarbeiter, der damalige Major Wetzell, in tiefen Schlaf versunken – verzeihlich nach den arbeitsreichen Tagen und schlaflosen Nächten der hinter uns liegenden Mobilmachungsperiode. Nun, wir haben uns doch bis vor die Tore von Paris durchgefunden, und für Serbien und Palästina war ich später auch nicht besonders vorgebildet. Gegen geographische Bildung ist damit nichts gesagt, wie jede allgemeine Bildung den geistigen Wert des Menschen, also auch den des zum Handeln berufenen hebt.

Noch weniger als gegen theoretische Schulung soll gegen die Bedeutung der praktischen etwas gesagt werden. Wer Meister werden will, muß durch die Lehrlings- und Gesellenschule gegangen sein, und nur geniale Begabung ersetzt Lücken in dieser Laufbahn. Das Material, in dem er arbeitet, muß der Künstler – und jeder Handelnde ist ein Künstler – schon kennen, ehe er an die Arbeit geht, das Material, mit dem, in dem und gegen das er arbeitet. Etwas Verwandtes besteht zwischen Lionardos Skizzenbuch und den Entwürfen des Königs Friedrich zu seinen Manövern. Das Genie an der Arbeit! Das schwierigste, widerspenstigste und dankbarste, treuste und verräterischste Material ist der Mensch; mit ihm arbeitet vor allem der Feldherr wie jeder Regierende. Vor kurzem entdeckte eine jugendliche Militärliteratur den »Feldherrn Psychologos«. Die Binse ist eine perennierende Pflanze und Binsenwahrheiten gelangen periodenweise zu neuer Blüte. Als ob wahre Regierungs- und Feldherrnkunst je ohne Psychologie denkbar gewesen wäre! Sie ist die schwerste der Herrscherkünste, die wichtigste und vielleicht seltenste der Feldherrngaben; ihre Ausübung trägt in Beurteilung der Masse und des Einzelnen die Erfolge, aber auch die größten Irrtümer und Enttäuschungen in sich. Sie darf nicht nur vom Standpunkt dessen beurteilt werden, der sich falsch behandelt glaubt. Das Urteil über ein Führertum liegt in seiner Auswirkung auf die Masse; aber die Masse hat kein Recht auf ein Urteil.

So gerüstet steht der Mann vor seiner Aufgabe. Was er zu ihr im Innersten mitbringt, entzieht sich jeder Regel und jeder Schilderung, obwohl es für die Tat das eigentlich Wesentliche ist. Genie ist Charakter.

Aus der Aufgabe heraus setzt sich der Handelnde das Ziel, gleichviel, ob er diese Aufgabe sich selbst stellen konnte – und welcher Handelnde war je ganz frei! – oder ob sie ihm Umstände und höherer Befehl zuwiesen. Das Ziel seines Handelns wird er stets sich weiter stecken, als er es im eigensten Innern für erreichbar hält; er wird dem Glück auch einen Spielraum geben; aber es nicht über diesen verständigen Spielraum hinaus auszudehnen, erfordert weise Beschränkung und Kunstgefühl. Hier liegt die feine Grenze zwischen dem kühnen Feldherrn und dem Hazardeur. Diese Zielsetzung ist wesentlich beeinflußt von dem Urteil über die eigenen Mittel und Kräfte aller Art, wie durch das über den zu erwartenden Widerstand, und erst aus dieser Überlegung heraus ergibt sich das endgültige Urteil über die Erreichbarkeit des Ziels. Aus diesen vielgestaltigen Erwägungen und – wer wollte es leugnen! – Stimmungen heraus zeichnet sich mit zunehmender Deutlichkeit das Bild des Entschlusses ab. Zweifel erheben ihr Haupt; so vieles liegt im Dunkeln. Riesengroß steht die Verantwortung vor dem ringenden Geist. Jetzt spricht der Genius sein entscheidendes Wort, die Faust fällt auf den Tisch, der Entschluß ist gefaßt und der Befehlende tritt hinaus in den Kreis der harrenden Vollstrecker seines Willens.

Nicht jeder Tat ist so glückliche Empfängnisstunde, so einfacher Geburtsakt beschert. Versammlungen, Beratungen, Ausschüsse, Kriegs- und andere Räte sind – und um so größer um so gefährlicher – kraftvollem und schnellem Entschluß Feind. Meist sind sie aus Bedenklichkeiten und kleinen Verantwortungen zusammengesetzt, und der zum Handeln Drängende erträgt schwer die sich dehnenden Stunden der Beratung. Ich entsinne mich aus der Teilnahme an solchem Kreis eines Mitgliedes, das schlechthin zu jedem Gegenstand sprach und stets die gleiche Rede hielt. Zuhören, schweigen und zustimmen zu können, sind seltene Gaben, weit seltener als die Rednergabe selbst, die am schlimmsten wirkt, wenn ihr die Fähigkeit aufzuhören versagt ist, wie dem Mann, der das Radfahren erlernte.

Das Material, das der zum Handeln Berufene zum Unterbau seines Entschlusses gebraucht, werden Gehilfen ihm zutragen; er wird für Einzelheiten den Rat sachverständiger und erfahrener Männer hören, und bis an die Grenze des letzten Entschlusses folgt ihm vielleicht der eine Vertraute. Es ist ein Kennzeichen des wahren Führers, ob er Ratschläge anhören und sie verwerten, selbst befolgen kann, ohne doch die Freiheit verantwortungsvollen Handelns zu verlieren.

Nun muß befohlen werden, damit der Entschluß Gestalt annehmen kann. In diesem Stadium der Tat gelangt der Wille des Handelnden zum stärksten Ausdruck; denn, wenn bisher nur die inneren Widerstände zu überwinden waren, der Entschluß etwas Eigenes, ein Teil des Selbst, war, so trifft er, sobald er Form gewinnt, auf die äußeren Widerstände, die in seiner Weiterleitung in und durch andere menschliche Kanäle liegen. Um so schärfer und klarer muß sich der Wille, der aus dem Entschluß entspringt, jetzt auch in der Form durchsetzen. Nicht umsonst verlangen wir im militärischen Leben eine besondere Befehlssprache. Sie muß den Willen des Befehlenden so klar zum Ausdruck bringen, daß schwachen Geistern kein Zweifel bleibt und daß widerstrebende unter den Willen des Führers gezwungen werden. Mit beiden Arten von Vollstreckern seines Willens muß der Befehlende rechnen und die Hemmnisse, die durch beide entstehen können und immer entstehen werden, durch die Kraft und Klarheit seiner Sprache auszuschalten oder herabzumindern versuchen. Läßt er andere in seinem Namen befehlen, so muß er gewiß sein, daß sie diese seine Sprache sprechen; denn, so sehr auch gewisse, allgemein gebräuchliche Formen des Befehls Arbeit und Verständnis erleichtern, so darf doch dem Befehl nicht das eigentlich Charakteristische der Sprache fehlen, die eben nur der eine Mann spricht. Je höher der Befehlende steht, um so weiter ist der Weg von ihm bis zur letzten ausführenden Stelle, um so größer die Gefahr, daß der Entschluß an Kraft einbüßt, der Wille sich nicht bis in alle Fasern des Körpers durchsetzt. Daher ist es nun die große Aufgabe des Feldherrn, den eigenen Willen so stark in die Gefäße hineinzuzwingen, daß sein Pulsschlag noch in den äußersten Verästelungen fühlbar bleibt. Der Wille Friedrichs und Napoleons lebte in ihrem letzten Grenadier.

Die Gehilfen des Befehlenden sind die unentbehrlichen Weiterlei-
ter bei Ausführung seines Entschlusses. Ihre Auswahl ist schwierig
und dem Zufall unterworfen, ihr Wert oder Unwert oft erst zu spät
erkannt; Enttäuschung über Mitarbeiter ist das tägliche Brot des
Führers; ihre Kräfte und Schwächen rechtzeitig zu erkennen und
danach das ihnen zu schenkende Vertrauen zu dosieren, ist eine
seiner wichtigen Aufgaben. Die dem Führer nahestehenden Männer, der Stab des Feldherrn, müssen, wenn nicht von seinem Geist,
dann von seinem Willen so durchdrungen sein, daß sie ihn ausfüh-
ren, sei es aus Überzeugung, aus Gehorsam oder aus Furcht. Das
Gleiche ist von den Unterführern zu verlangen, die in ihrem Teilbe-
zirk die vollstreckenden Anordnungen zu dem Befehl des Feldherrn
treffen. Dieser wird ihnen so viel, aber nicht mehr befehlen, als er
für die Durchführung seines Willens für erforderlich hält und ihnen
für die Vollstreckung die Freiheit lassen, die allein bereitwillige
Mitarbeit im Geist des Ganzen verbürgt. Ohne ein wenig Optimis-
mus kommt der Führer nicht aus.

Kein Handelnder, kein Befehlender hat mit Fassung des Entschlusses und seinem Befehl zur Ausführung genug getan; er bleibt
für die Durchführung in seinem Geist, für die Verkörperung seines
Willens bis zum letzten Augenblick verantwortlich. Wie er sich
hierüber Gewißheit verschaffen kann, das führt in die Einzelheiten
der Regierungs- und Befehlstechnik hinein, die hier nicht geschil-
dert werden kann. Am Abend vor einer Schlacht überzeugte ich
mich, ob unser Befehl überall durchgedrungen war, und bekam von
einem braven Berliner die kurze Antwort: »Ick jreife an.« Er hatte
uns verstanden, und das war das Wesentliche.

Über tredition

Eigenes Buch veröffentlichen

tredition wurde 2006 in Hamburg gegründet und hat seither mehrere tausend Buchtitel veröffentlicht. Autoren veröffentlichen in wenigen leichten Schritten gedruckte Bücher, e-Books und audioBooks. tredition hat das Ziel, die beste und fairste Veröffentlichungsmöglichkeit für Autoren zu bieten.

tredition wurde mit der Erkenntnis gegründet, dass nur etwa jedes 200. bei Verlagen eingereichte Manuskript veröffentlicht wird. Dabei hat jedes Buch seinen Markt, also seine Leser. tredition sorgt dafür, dass für jedes Buch die Leserschaft auch erreicht wird.

Im einzigartigen Literatur-Netzwerk von tredition bieten zahlreiche Literatur-Partner (das sind Lektoren, Übersetzer, Hörbuchsprecher und Illustratoren) ihre Dienstleistung an, um Manuskripte zu verbessern oder die Vielfalt zu erhöhen. Autoren vereinbaren direkt mit den Literatur-Partnern die Konditionen ihrer Zusammenarbeit und partizipieren gemeinsam am Erfolg des Buches.

Das gesamte Verlagsprogramm von tredition ist bei allen stationären Buchhandlungen und Online-Buchhändlern wie z. B. Amazon erhältlich. e-Books stehen bei den führenden Online-Portalen (z. B. iBookstore von Apple oder Kindle von Amazon) zum Verkauf.

Einfach leicht ein Buch veröffentlichen: **www.tredition.de**

Eigene Buchreihe oder eigenen Verlag gründen

Seit 2009 bietet tredition sein Verlagskonzept auch als sogenanntes "White-Label" an. Das bedeutet, dass andere Unternehmen, Institutionen und Personen risikofrei und unkompliziert selbst zum Herausgeber von Büchern und Buchreihen unter eigener Marke werden können. tredition übernimmt dabei das komplette Herstellungs- und Distributionsrisiko.

Zahlreiche Zeitschriften-, Zeitungs- und Buchverlage, Universitäten, Forschungseinrichtungen u.v.m. nutzen diese Dienstleistung von tredition, um unter eigener Marke ohne Risiko Bücher zu verlegen.

Alle Informationen im Internet: **www.tredition.de/fuer-verlage**

tredition wurde mit mehreren Innovationspreisen ausgezeichnet, u. a. mit dem Webfuture Award und dem Innovationspreis der Buch Digitale.

tredition ist Mitglied im Börsenverein des Deutschen Buchhandels.

Dieses Werk elektronisch lesen

Dieses Werk ist Teil der Gutenberg-DE Edition DVD. Diese enthält das komplette Archiv des Projekt Gutenberg-DE. Die DVD ist im Internet erhältlich auf **http://gutenbergshop.abc.de**